KB110047

대자연과 훈민정음 해례본

대자연과 훈민정음 해례본

발행일   2017년 5월 4일

지은이   박 기 순
펴낸이   손 형 국
펴낸곳   (주)북랩
편집인   선일영   편집   이종무, 권혁신, 송재병, 최예은
디자인   이현수, 이정아, 김민하, 한수희   제작   박기성, 황동현, 구성우
마케팅   김회란, 박진관
출판등록   2004. 12. 1(제2012-000051호)
주소   서울시 금천구 가산디지털 1로 168, 우림라이온스밸리 B동 B113, 114호
홈페이지   www.book.co.kr
전화번호   (02)2026-5777   팩스   (02)2026-5747

ISBN   979-11-5987-266-2 03700(종이책)   979-11-5987-267-9 05700(전자책)

잘못된 책은 구입한 곳에서 교환해드립니다.
이 책은 저작권법에 따라 보호받는 저작물이므로 무단 전재와 복제를 금합니다.

이 도서의 국립중앙도서관 출판예정도서목록(CIP)은 서지정보유통지원시스템 홈페이지(http://seoji.
nl.go.kr)와 국가자료공동목록시스템(http://www.nl.go.kr/kolisnet)에서 이용하실 수 있습니다.
(CIP제어번호 : CIP2017010394)

(주)북랩 성공출판의 파트너
북랩 홈페이지와 패밀리 사이트에서 다양한 출판 솔루션을 만나 보세요!
홈페이지 book.co.kr   1인출판 플랫폼 해피소드 happisode.com
블로그 blog.naver.com/essaybook   원고모집 book@book.co.kr

대자연과 훈민정음 해례본

박기순 지음

음양오행의 원리로
만들어진 우수 문자
'한글' 대해부

북랩 book Lab

훈민정음 한글은 **국보 제70호 『훈민정음 해례본』**에 의해 세계에
서 가장 우수한 문자와 소리라는 것을 문서로 확실하게 근거를 제
시하고 있는 것이 특징이며 장점이다. 세계에서 유일하게 대우주
와 대자연에 존재하는 모든 만물과 사물의 이치로 하늘과 땅에 하
루의 밤낮이 발생하는 음양의 이치와 모든 만물과 사물의 기(氣)
와 질(質)의 성품에 의해 생명을 유지하고 존재하는 음양오행의 이
치와 사계절의 이치와 동서남북 방향의 이치와 숫자의 이치와 또한
대우주와 대자연에 존재하는 모든 만물과 사물이 태어나 사람을
만나 공존, 공생하며 생명을 유지하는 이치를 형상화하여 세종대
왕은 가장 맑고 깨끗하고 선명한 음양오행의 기운이 발생하는 새로
운 '훈민정음'을 창시하였다. 『훈민정음 해례본』은 우리의 훈민정음
이 왜 세계적으로 가장 우수한 문자와 소리라는 것을 자세하게 문
서로 작성하여 보존하여 후손에 물려주어 현재 세계유네스코가 지
정한 세계유산으로 등재된 우리나라의 국보 제70호의 고서다.

훈민정음을 세계에서 가장 맑고 깨끗하고 선명한 음양오행의 기
운이 발생하는 가장 훌륭한 문자와 소리라고 말하는 것은 훈민정
음이 만들어진 과정을 자세하게 문서로서 기록하고 표현하여 사람
이 훈민정음 한글을 읽고 말하고 쓰고 기록하는 경우에 반드시 대

우주와 대자연에 존재하는 만물과 사물의 천지인의 이치와 음양오행의 이치에 의해 그 근거를 확실하게 제시하고 있기 때문이다.

국보 제70호 『훈민정음 해례본』은 '예의편(例義篇)'의 서문에서 세종대왕이 백성에게 전하는 어지(御旨)는 훈민정음 28자를 새롭게 만들어 백성들이 쉽게 익히고 배워 한글을 읽고 말하는 문자와 소리로 백성들이 서로가 대화나 글로 자유스럽게 뜻을 전달하여 소통하게 된 것을 강조한 어지(御旨)다. 조선 초기의 국어가 확실하지 않아 고민하던 중 국가와 백성을 살리는 '국어개혁'을 통하여 국가의 뿌리이며 근본이 되는 동시에 국민의 기를 살리기 위한 세종대왕의 큰 뜻과 의지를 뜻하는 내용이다. 훈민정음 한글은 모든 만물과 사물이 음양오행의 기운, 성품, 성질, 성향, 유형을 갖추고 존재하듯 음양오행의 기운이 발생하는 문자와 소리로서 대부분이 명리학문의 대표적인 음양오행, 사계절의 24절기, 방향, 숫자의 이치를 대비하여 구성되어 있다.

'해례편(解例篇)'은 훈민정음 한글 초성·중성·종성으로 자음과 모음을 대우주와 대자연에 존재하는 모든 만물과 사물의 이치를 응용하고 형상화하여 만든 과정과 백성들이 한글을 읽고 말하고 쓰고 기록하는 과정에서 발생하는 문자와 소리에 의해 가장 맑고 깨끗하고 선명한 음양이나 목화토금수의 기운이 발생하는 이치를 명리학문의 근본인 음양오행의 천간(天干)과 지지(地支)와 지장간(地藏干)의 이치와 봄·여름·가을·겨울 사계절 24절기의 이치와 동서남북 방향의 이치와 1234567890 숫자의 이치와 대비하여 자세하게 기록한 내용으로 그 첫 번째는 '**제자해**(制字解)'로 대우주와 대자연에 존재하는 모든 만물과 사물의 천지인의 이치와 음양의 이치로 만든 훈민정음 한글의 초성·중성·종성으로 자음과 모음이 음양의 합으로 상합자의 이치로 만나 수없이 많은 문자와 소리로 변화되는 한글을 읽고 말하는 소리의 이치와 쓰고 기록하는 획수의 이치에 의해 발생하는 가장 맑고 깨끗하고 선명한 음양이나 목화토금수의 기운이 발생하는 이치를 자세히 기록한 내용이다.

　또한 훈민정음이 가장 중요시한 것이 바로 한글을 읽고 말하는 소리에 의해 발생하는 음양이나 목화토금수를 확실하게 구분하여야 한다는 근거를 제시한 내용으로 이것을 '**초성해**(初聲解)·**중성해**(中聲解)·**종성해**(終聲解)'로 구분하여 이를 자세히 설명한 내용이다. 훈민정음의 자음과 모음이 음양의 합으로 상합자의 이치로 만나 완성된 한글이 만들어지는 과정을 자세히 표현한 '**합자해**(合字解)'와 새롭게 만들어진 훈민정음에 의해 대우주와 대자연에 존재하는 모든 만물과 사물을 응용하여 백성들이 쉽게 사용하여 소통하도록 자세히 설명한 '용자례(用字例)'로 구성되어 있다. 또한 『훈민정음 해례본』을 만들어 낸 당시에 세종대왕을 비롯한 관청에서 근무하신 많은 집현전 위원들이 훈민정음을 만드는 과정의 환경과 각오와 심정 그리고 훈민정음의 필요성과 중요성 그리고 당시에 집필에 참여하신 분들의 이름을 기록하고 보존하여 후손에게 물려준 우수한 훈민정음이 창시된 것에 대한 모든 것을 자세히 기록한 '정인지(鄭麟趾) 서(序)'의 종문(終文)으로 구성되어 있는 자랑스러운 '국보'다.

우리의 숭고한 선조들께서는 세계에서 가장 맑고 깨끗하고 선명한 음양오행의 기운이 발생하는 훌륭한 훈민정음 한글을 창시하여 현재까지 국어로 사용하는 데 있어서 우리가 한글을 읽고 말하고 쓰고 기록하는 경우에 발생하는 음양오행의 기운작용과 영향이 발생하는 것을 아는 사람은 아마도 없을 것이다. 또 우리는 다자무자(多者無者)의 이치에 의해 가장 중요한 것을 잊고 살아온 것이 너무 안타까워 명리학문을 연구하는 사람으로서 명리학문의 가장 대표적인 대우주와 대자연에 존재하는 모든 만물과 사물의 천지인의 이치와 음양오행의 이치와 사계절 24절기의 이치에 의해 초목이 태어나 사람을 만나 함께 공존, 공생하며 하나의 큰 공동체를 이루고 생명을 유지하는 이치와 육친(六親)의 이치를 대비하여 우리가 한글을 쓰고 기록하고 읽고 말하는 과정에서 발생하는 음양오행의 기운 작용과 영향에 의해 사람이 순간적으로 생각하고 판단하여 직접 몸으로 행동하여 길흉의 결과가 나타나는 모든 것을 대우주와 대자연의 이치로 분석하여 우리가 사용하는 우리 훈민정음 한글이 얼마나 중요하고 훌륭한가를 인식시키고자 『훈민정음 해례본』을 분석해 본다.

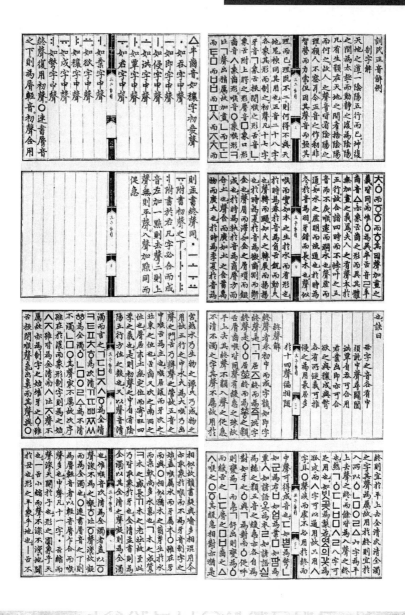

차례

| 머리말 04

• 국보 제70호 『훈민정음 해례본』 11

• 제1편 『훈민정음 해례본』 예의(例義)편 15

• 제2편 『훈민정음 해례본』 제자해(制字解) 25

• 제3편 『훈민정음 해례본』 초성해(初聲解) 105

• 제4편 『훈민정음 해례본』 중성해(中聲解) 111

• 제5편 『훈민정음 해례본』 종성해(終聲解) 123

• 제6편 『훈민정음 해례본』 합자해(合字解) 139

• 제7편 『훈민정음 해례본』 용자례(用字例) 169

• 제8편 『훈민정음 해례본』 정인지 서 229

| 마치는 말 242

국보 제70호『훈민정음 해례본』

훈민정음 한글이 제자(制字)되는 과정을 자세하게 기록한 고서가 바로 **국보 제70호 『훈민정음 해례본**(訓民正音解例本)**』**이다.

'훈민정음'은 우리가 한글을 읽고 말하고 쓰는 것을 올바르게 갖추어 사람과 사람의 백성들이 소유한 꿈과 이상의 목표를 서로가 소통하여 목적을 달성하도록 가르치고 인도한다는 뜻으로 육친의 이치로 가르치고 배우는 자연스러운 인수(印綬)로 자랑스러운 큰 인수(印綬)가 되면서 또한 누구나 쉽게 배우고 익혀 서로가 자유스럽게 의사를 소통하여 결과를 얻어 내는 식상(食傷)의 이치로 상생(相生)을 의미하는 뜻으로 지금 생각해 보아도 엄청난 사건이며 큰 변화와 개혁이라 할 수가 있는 일이다.

『훈민정음 해례본』은 훈민정음 한글 초성·중성·종성으로 자음과 모음이 음양의 합으로 상합자의 이치로 만나 짝하여 하나의 완성된 한글의 문자를 읽고 말하는 소리에 의한 글귀가 자유자재로 발생하여 무한대로 자신의 뜻을 표출하도록 만들어 한글을 읽고 말하는 소리의 이치와 쓰고 기록하는 숫자의 음양오행의 이치에 의해 발생하는 가장 맑고 깨끗하고 선명한 음양오행의 기운이 발생하는 것이 법칙으로 우리의 한글에는 자체적으로 음양오행의 생극제화 상생상극의 이치가 스스로 존재하는 것이 특징으로 이것은 대우주와 대자연에 존재하는 모든 만물과 사물의 천지인의 이치와 음양오행의 이치와 봄·여름·가을·겨울 사계절 24절기의 이치와 동서남북 방향의 이치와 1234567890 숫자의 이치와 사람이 살아가면서 근본적으로 갖추고 소유하는 재주와 재능을 갖추는 삼재(三才)의 이치와 또 음양오행의 기와 질의 성품에 의해 소유하는 성품으로 인정(仁情) 예의(禮儀) 신용(信用) 의리(義理) 지혜(智慧)가 발생하는 이치를 응용하고 형상화하여 우리의 우수한 훈민정음 한글이 만들어졌다는 것을 세계 최초로 문서로 제자(制字)하는 과정을 자세히 기록하여 후손에게 물려준 고귀한 고서로 현재 국보 제70호로 지정되어 유네스코 세계유산으로 등재되어 영구히 보존하게 되는 아주 중요한 우리의 근본으로 뿌리가 되는 유산이며 자랑이다.

　국보 제70호『훈민정음 해례본』은 총 8편으로 구성되어 있는데 1편은 예의(例義), 2편은 제자해(制字解), 3편은 초성해(初聲解), 4편은 중성해(中聲解), 5편은 종성해(終聲解), 6편은 합자해(合字解), 7편은 용자해(用字解), 8편은 집필에 중추적인 역할을 담당한 당시 충신(忠臣) 정인지(鄭麟趾) 서(序)의 끝말로 구성되어 있다.

　앞으로 우리는 우리나라의 근본이며 뿌리가 되는 동시에 선조들의 숭고한 정신으로 혼과 얼이 담긴『훈민정음 해례본』을 자세하고 정확하게 분석하여 훈민정음 한글 초성·중성·종성으로 자음과 모음을 올바르게 사용하여 응용하는 것은 물론이고 명리학문에서 말하는 대우주와 대자연에 존재하는 모든 만물과 사물의 이치로 하나의 구성원으로 우리가 사용하는 훈민정음 한글을 중심으로 우리가 살아가는 모든 면에 응용하는 것은 물론이고 새로운 국어교육시스템을 만들어 한글을 세계화시켜 세계의 '국어'가 되어

우리 자랑스러운 대한민국 국가와 국민의 기운을 정통으로 살리는

것이 무엇보다 중요하다는 것이다.

제1편

『훈민정음 해례본』 예의(例義)편

『훈민정음 해례본』 '예의(例義)편'은 아래와 같이 기록하였다.

먼저 이해를 돕기 위해서 원문을 한글(한자)로 쓰고 원문을 해석한 내용을 써서 이해를 돕고자 한다.

"국지어음 이호중국 여문자 불상유통 우민 유소욕언 이종불득신 기정자 다의 일위차민연 신제이십팔자 여 욕사인인 이습 편어일용 의(國之語音 異乎中國 與文字 不相流通 愚民 有所慾言 而終不得伸其情者 多矣 一爲此憫然 新制二十八字 予 慾使人人 易習 便於日用矣)"

위 내용의 해석은 아래와 같다.

"우리나라가 사용하는 글과 말소리는 서로가 달라서 문자로는 서로가 소통하지 못하여 어리석은 백성들이 말하고 싶은 욕심을 가지고 있거나 뜻이 있어도 서로가 그 뜻을 펼치지 못하고 끝나는 것이 너무 많아 나는 이것을 불쌍히 여기어 새롭게 28글자의 훈민정음 한글을 만들어 사람들이 욕심을 가지고 익혀 매일 편리하게 사용하기를 바란다."고 세종대왕이 백성들에게 말한 '어지(御旨)'다.

이것을 명리학문 육친(六親)의 이치로 분석하면 세종대왕(관성:官星)이 우리나라 안에서 사용하는 문자와 소리가 서로가 달라 불편하게 사용하는 것을 안타깝게 여기어 말(식상:食傷)로써 백성들이(비견, 겁:比肩, 劫) 서로가 뜻을 소통하지 못하는 이치로 생활에 어려움과 불편함이 있어(상생과 식상:相生과 食傷) 새롭게 훈민정음 한글 28글자를 대우주와 대자연에 존재하는 모든 만물과 사물의 천지인의 이치와 음양오행의 이치와 봄·여름·가을·겨울 사계절 24절기의 이치와 동서남북 방향의 이치와 1234567890 숫자의 이치와 하루의 24시간 사람이 살아가면서 만물과 사물의 가장 대표적인 초목을 만나 함께 어우러져 하나의 공동체를 이루고 생명을 유지하고 존재하는 모든 이치를 응용하고 형상화하여 훈민정음 한글을 제자(制字)하여 백성들이 쉽게 배우고 익혀(인수:印綬) 편리하게 사용하여(인수:印綬) 백성들이 한글을 읽고 말하는 문자와 소리로 서로가 뜻을 전달하여 백성과 백성들의 답답하고 복잡한 육친적인 관계를 자유롭게 소통하여 해결하도록 하는 이치로(식상:食傷) 백성들이 소유한 꿈과 이상의 목표를 달성(재성과 관성:財星과 官星)하였다는 뜻으로 우리가 사용하는 한글에는 자체적으로 음양오행의 생극제화 상생상극의 이치가 존재하여 자동적으로 보유하여 木生火 火生土 土生金 金生水 水生木의 이치가 발생하는 동시에 육친의 생극제화 이치로 인수생비겁(印綬生比劫) 비겁생식상(比劫生食傷) 식상생재성(食傷生財星) 재성생관성(財星生官星) 관성생인수(官星生印綬)로 순환상생을 이루어 근본적으로 국가와 국민의 기(氣)를 살렸다는 내용이다.

당시에 사용하는 문자와 말소리가 서로 달라 백성들이 대화하면서 소통하는 과정에서 사람과 사람들이 마음속의 심정을 서로가 이해하고 소통하는 데 상당한 어려움이 발생하여 국가의 고위관리들이 정책적으로 그 어려움을 해소하기 위해 엄청난 노력으로 결실을 이루어낸 큰 작품이 발생한 것이 '**훈민정음 한글**'을 제자(制字)하였고 또한 『**훈민정음 해례본**』이라는 문서로 '**한글**'을 제작하는 모든 과정을 통하여 대우주와 대자연의 이치에 의해 발생하는 음양오행의 기운이 발생하는 이치를 상세히 기록하여 후손에게 물려주어 우리가 사용하는 한글의 우수성과 중요성을 세계만방에 알리는 계기가 된 것이다.

다음은 훈민정음 한글의 문자와 소리를 만드는 과정을 살펴본다.

"**ㄱ 아음 여군자초발성 병서 여규자초발성**(ㄱ 牙音 如君字初發聲 竝書 如虯字初發聲)"

"ㄱ은 어금닛소리로 군(君) 자가 처음 보내는 소리의 초성으로 자음과 똑같아 글씨를 나란히 쓰면 규(虯) 자가 처음 보내는 소리의 초성으로 자음과 똑같다."

"**ㅋ 아음 여쾌자초발성**(ㅋ 牙音 如快字初發聲)"

"ㅋ은 어금닛소리로 쾌(快) 자가 처음 보내는 소리의 초성으로 자음과 똑같다."

"**ㆁ 아음 여업자초발성**(ㆁ 牙音 如業字初發聲)"

"ㆁ은 어금닛소리로 업(業) 자가 처음 보내는 소리의 초성으로 자음과 똑같다."

"**ㄷ 설음 여두자초발성 병서 여땀자초발성**(ㄷ 舌音 如斗字初發聲 竝書 如覃字初發聲)"

"ㄷ은 혓소리로 두(斗) 자가 처음 보내는 소리의 초성으로 자음과 똑같으며 글씨를 나란히 쓰면 담(覃) 자가 처음 보내는 소리의 초성으로 자음과 똑같다.”

“ㅌ 설음 여탄자초발성(ㅌ 舌音 如呑字初發聲)**”**

“ㅌ은 혓소리로 탄(呑) 자가 처음 보내는 소리의 초성으로 자음과 똑같다.”

“ㄴ 설음 여나자초발성(ㄴ 舌音 如那字初發聲)**”**

“ㄴ은 혓소리로 나(那) 자가 처음 보내는 소리의 초성으로 자음과 똑같다.”

“ㅂ 순음 여별자초발성 병서 여보자초발성(ㅂ 脣音 如彆字初發聲 並書 如步字初發聲)**”**

“ㅂ은 입술소리로 별(彆) 자가 처음 보내는 소리의 초성으로 자음과 똑같으며 글씨를 나란히 쓰면 보(步) 자가 처음 보내는 소리의 초성으로 자음과 똑같다.”

“ㅍ 순음 여표자초발성(ㅍ 脣音 如漂字初發聲)**”**

“ㅍ은 입술소리로 표(漂) 자가 처음 보내는 소리의 초성으로 자음과 똑같다.”

“ㅁ 순음 여미자초발성(ㅁ 脣音 如彌字初發聲)**”**

“ㅁ은 입술소리로 미(彌) 자가 처음 보내는 소리의 초성으로 자음과 똑같다.”

“ㅈ 치음 여즉자초발성 병서 여자자초발성(ㅈ 齒音 如卽字初發聲 並書 如慈字初發聲)**”**

"ㅈ은 잇소리로 즉(卽) 자가 처음 보내는 소리의 초성으로 자음과 똑같으며 글씨를 나란히 쓰면 자(慈) 자가 처음 보내는 소리의 초성으로 자음과 똑같다."

"ㅊ 치음 여침자초발성(ㅊ 齒音 如侵字初發聲)**"**

"ㅊ은 잇소리로 침(侵) 자가 처음 보내는 소리의 초성으로 자음과 똑같다."

"ㅅ 치음 여술자초발성 병서 여사자초발성(ㅅ 齒音 如戌字初發聲 並書 如邪字初發聲)**"**

"ㅅ은 잇소리로 술(戌) 자가 처음 보내는 소리의 초성으로 자음과 똑같으며 글씨를 나란히 쓰면 사(邪) 자가 처음 보내는 소리의 초성으로 자음과 똑같다."

"ㆆ 후음 여읍자초발성(ㆆ 喉音 如挹字初發聲)**"**

"ㆆ은 목구멍소리로 읍(挹) 자가 처음 보내는 소리의 초성으로 자음과 똑같다."

"ㅎ 후음 여허자초발성 병서 여홍자초발성(ㅎ 喉音 如虛字初發聲 並書 如洪字初發聲)**"**

"ㅎ은 목구멍의 소리로 허(虛) 자가 처음 보내는 소리의 초성으로 자음과 똑같으며 글씨를 나란히 쓰면 홍(洪) 자가 처음 보내는 소리의 초성으로 자음과 똑같다."

"ㅇ 후음 여욕자초발성(ㅇ 喉音 如欲字初發聲)**"**

"ㅇ은 목구멍소리로 욕(欲) 자가 처음 보내는 소리의 초성으로 자음과 똑같다.”

“ㄹ 반설음 여려자초발성(ㄹ 半舌音 如閭字初發聲)**”**

“ㄹ은 반혓소리로 려(閭) 자가 처음 보내는 소리의 초성으로 자음과 똑같다.”

“△ 반치음 여양자초발성(△ 半齒音 如穰字初發聲)**”**

“△은 반잇소리로 샹(穰) 자가 처음 보내는 소리의 초성으로 자음과 똑같다.”

“· 여탄자중성(· 如吞字中聲)**”**

“·는 튼(吞) 자의 가운뎃소리의 중성으로 모음과 똑같다.”

“ㅡ 여즉자중성(ㅡ 如卽字中聲)**”**

“ㅡ는 즉(卽) 자의 가운뎃소리의 중성으로 모음과 똑같다.”

“ㅣ 여침자중성(ㅣ 如侵字中聲)**”**

“ㅣ는 침(侵) 자의 가운뎃소리의 중성으로 모음과 똑같다.”

“ㅗ 여홍자중성(ㅗ 如洪字中聲)**”**

“ㅗ는 홍(洪) 자의 가운뎃소리의 중성으로 모음과 똑같다.”

“ㅏ 여담자중성(ㅏ 如覃字中聲)**”**

“ㅏ는 땀(覃) 자의 가운뎃소리의 중성으로 모음과 똑같다.”

“ㅜ 여군자중성(ㅜ 如君字中聲)**”**

“ㅜ는 군(君) 자의 가운뎃소리의 중성으로 모음과 똑같다.”

“ㅓ 여업자중성(ㅓ 如業字中聲)**”**

“ㅓ는 업(業) 자의 가운뎃소리의 중성으로 모음과 똑같다.”

"ㅛ 여욕자중성(ㅛ 如欲字中聲)**"**

"ㅛ는 욕(欲) 자의 가운뎃소리의 중성으로 모음과 똑같다."

"ㅑ 여양자중성(ㅑ 如穰字中聲)**"**

"ㅑ는 샹(穰) 자의 가운뎃소리의 중성으로 모음과 똑같다."

"ㅠ 여술자중성(ㅠ 如戌字中聲)**"**

"ㅠ는 술(戌) 자의 가운뎃소리의 중성으로 모음과 똑같다."

"ㅕ 여별자중성(ㅕ 如彆字中聲)**"**

"ㅕ는 별(彆) 자의 가운뎃소리의 중성으로 모음과 똑같다."

"종성복용초성(終聲復用初聲)**"**

"마지막소리의 종성에 다시 초성으로 자음을 사용하는 것이다."

"ㅇ련서순음지하 칙위순경음 초성합용칙병서종성동 ·ㅡㅗㅜㅛㅠ 부서초성지하 ㅣㅏㅓㅑㅕ 부서어우(ㅇ連書脣音之下 則爲脣輕音 初聲合用則 並書終聲同 ·ㅡㅗㅜㅛㅠ 附書初聲之下 ㅣㅏㅓㅑㅕ 附書於右)**"**

"ㅇ으로 연달아 입술소리의 아래쪽에 글씨를 쓰면 가벼운 입술 소리가 되는 것이 법칙이며 초성으로 자음을 합해서 나란히 글씨를 쓰는 것이 법칙으로 종성으로 자음도 똑같이 중성으로 모음의 ·ㅡㅗㅜㅛㅠ는 초성으로 자음의 아래쪽에 붙여 글씨를 쓰고 중성으로 모음의 ㅣㅏㅓㅑㅕ는 초성으로 자음의 오른쪽에 붙여 글씨를 쓴다."

위 내용은 대우주와 대자연에 존재하는 모든 만물과 사물의 천지인의 이치와 음양의 이치로 훈민정음 한글은 양의 초성으로 자음과 음의 중성으로 모음이 음양의 합으로 상합자의 이치로 만나 짝하여 하나의 문자와 소리가 발생하는 이치로 가로의 횡으로 쓰는 중성으로 모음은 초성으로 자음의 아래쪽에 쓰고 세로의 종으로 쓰는 중성으로 모음은 초성으로 자음의 오른쪽에 쓰는 것을 법칙으로 정하여 규칙적으로 글씨를 쓰는 방법을 뜻하는 내용이다.

"범자필합이성음 좌가일점칙거성 이칙상성 무칙평성 입성가점동 이촉급(凡字必合而成音 左加一點則去聲 二則上聲 無則平聲 入聲加點同而促急)**"**

"무릇 글자는 반드시 여럿이 모여 하나가 되어야 소리를 이루는데 거성의 가장 높은 소리는 왼쪽에 점을 하나 더하여 붙이는 것이 법칙이며 상성의 시작은 낮으나 끝이 높은 소리는 왼쪽에 점을 2개를 붙이는 것이 법칙이며 평성의 가장 낮은 소리는 점이 없는 것이 법칙이며 입성의 빠르게 끝을 막는 소리는 점을 더 붙이는 것은 똑같으나 소리가 매우 급하다."

위 내용은 대우주와 대자연에 존재하는 모든 만물과 사물의 천지인의 이치와 음양의 이치로 훈민정음 한글 초성·중성·종성으로 자음과 모음을 올바르게 응용하여 소리를 오행의 목화토금수로 구분하여 다섯 가지의 소리로 木의 어금닛소리, 火의 혓소리, 土의 입술소리, 金의 잇소리, 水의 목구멍소리가 세기의 강약에 따라 木火金水 음양의 이치로 구분하여 네 가지 소리로 평성, 상성, 거성, 입성이 발생하는 것을 문자의 왼쪽에 점(·)을 1개, 2개를 붙이거나 점(·)을 붙이지 않는 방법으로 네 가지의 소리를 봄·여름·가을·겨울

사계절의 이치에 따라 구분하여 봄의 포근한 木은 평성으로 점(·)
이 없어 온화하게 가장 낮은 소리가 되고 여름의 뜨거운 火는 상성
은 점(·)이 2개로 온화하게 시작은 낮으나 끝이 높은 소리가 되고
가을의 서늘한 金인 거성은 점(·)이 하나로 가장 높은 소리가 되고
겨울의 차가운 水는 입성으로 점(·)을 3개 이상 붙여 빠르게 끝을
막는 소리로 구분되는 동시에 음양오행의 이치로 우리가 무심코 사
용하는 문서, 서적, 신문은 음인 왼쪽에서 양인 오른쪽으로 쓰고
기록하는 것이 법칙이며 도장이나 직인도 반드시 좌에서 우로 새기
고 찍어야 기를 살리는 원천이 된다는 내용이다.

제2편

『훈민정음 해례본』 제자해(制字解)

『훈민정음 해례본』제2편 '제자해(制字解)'는 훈민정음 한글 초성·
중성·종성으로 자음과 모음이 대우주와 대자연에 존재하는 모든
만물과 사물의 천지인의 이치로 음양의 이치와 목화토금수의 이
치와 봄·여름·가을·겨울 사계절의 이치와 동서남북 방향의 이치와
1234567890 숫자의 이치와 사람이 말하는 신체 구강의 이치를 응
용하고 형상화하여 새로운 훈민정음 한글을 만드는 과정을 자세히
기록하여 한글을 읽고 말하는 소리의 이치와 쓰고 기록하고 획수
의 이치와 글귀의 뜻에 의해 발생하는 가장 맑고 깨끗하고 선명한
음양오행의 기운이 발생하는 이치와 근거를 자세히 기록하여 훈민
정음 한글이 세계적으로 가장 우수하고 훌륭한 문자와 소리라는
것을 세계만방에 알리는 데 기여한 국보의 고서로 천지인의 이치
와 음양의 이치로 분석한 내용으로 아래와 같다.

훈민정음 해례본 제자해(制字解)

"천지지도 일음양오행이이 곤복지간위태극 이동정지후위음양 범
유생류천지지간자 사음양이하지 고인지음성개유음양지리 고인불
찰이 금정음지작 초비지영이력색 단인기성음이극지리이이 리기불
이 칙하득불여천지귀신동기야 정음이십팔자각상기형이제지 초성범
십칠자(天地之道 一陰陽五行而已 坤復之間爲太極 而動靜之後爲陰陽 凡有生

類在天地之間者 捨陰陽而何之 故人之音聲皆有陰陽之理 顧人不察耳 今正音之

作 初非智營而力索 但因其聲音而極其理而已 理旣不二 則何得不與天地鬼神同

其用也 正音二十八字各象其形而制之 初聲凡十七字)"

"하늘과 땅의 이치는 처음부터 이미 하나의 음양오행의 이치가 하나로 음기(陰氣)가 회복하는 공간이 극도에 도달하는 것을 만들어야 고요하고 맑게 움직인 후에 음양의 이치로 하늘과 땅에 밝고 어두운 것이 되어 하늘과 땅 사이에 모든 생명이 살아 움직이는 만물과 사물의 사람이나 동식물들이 생명을 유지하고 존재하는 자 어찌 음양이 조화와 균형을 이루고 중화를 이루는 것을 버리고 평온하게 살아갈 수가 없으며 본래 사람이 말하는 모든 소리에는 음양의 이치가 존재하는 데 사람이 귀로 듣고 관찰하고 살피지 못했을 뿐이다. 이제 올바른 소리를 만드는 데 있어서 처음부터 슬기와 지혜로 힘써 찾은 것이 아니라 다만 소리의 원인을 이루고 있는 근본이 한계에 도달하는 이치를 찾았으나 그 이치가 이미 둘이 아니니 어찌 하늘과 땅의 귀신까지 한가지로 동일하게 함께 사용하는 것이 법칙으로 올바른 소리 28글자는 여러가지 모양과 그림으로 만들어 최초에 시작하는 소리(초성으로 자음)는 모두 17자라 하였다."

『훈민정음 해례본』'제자해' 첫머리에 나오는 글을 살펴보면 우리가 사용하는 훈민정음 한글을 만드는 과정에서 밝혀진 알아야 할 중요한 내용이 바로 대우주와 대자연에 존재하는 모든 만물과 사물의 천지인의 이치와 음양의 이치가 그대로 담겨져 있다고 기록되어 있다. 우리 훈민정음 한글이 사람이 살아가면서 사용하는 문자와 소리가 얼마나 중요하고 또 말소리의 기운에 의해 어떠한 일들이 발생하는가를 알려주는 중요한 내용으로 우리들에게 가장 밀접한 관계를 이루고 있는 문자와 소리가 바로 '훈민정음 한글'이며 우리나라의 한글이 세계적으로 가장 우수하고 훌륭한 문자라는 것에 대한 근거를 확실하게 제시하고 있다는 증거다. 또한 훈민정음 한글이 바로 자연과학이며 자연철학이며 생활철학으로 우리들이나 특히 역학자들에게 주는 교훈은 실로 엄청나게 크고 대단하다는 것을 다시 한 번 깊게 생각하게 하는 중요한 자료가 되는 문서다. 제자해 첫머리에 "**천지지도 일음양오행이이**(天地之道 一陰陽五行而已)"라고 기록하여 하늘과 땅의 이치나 도리는 오로지 하나로 그것이 바로 '**음양오행의 이치**'로 이 세상에 존재하는 모든 만물과 사물이나 사람이나 동식물은 끊임없이 발생하는 음양의 이치로 하루의 밤낮이 24시간으로 펼쳐지는 '때와 장소'의 생활환경 속에서 각각 음양오행의 이치로 목화토금수의 기와 질의 성품을 소유하여 음양의 암수나 크고 작은 것으로 파생되어 끊임없이 태어나고 생겨나 생명을 유지하고 존재하는 이치를 중요시 하였으며 또 "**하득불여천지귀신동기용야**(何得不與天地鬼神同其用也)"라고 기록하여 사람으로 태어나 살아서 생활하는 자나 죽어서 영혼이 되어도 서로 함께 똑같이 사용하여 소통하는 것이 바로 '훈민정음 한글'이라는 뜻으로 현재까지 우리가 모든 생활에 한자를 중요시하거나 또는 작명에 있어서 한자를 중심으로 작명하는 일들이나 또한 음령(音靈)이나 영성(靈聲)이라 하여 훈민정음 한글 초성으로 자음의 응용에 있어서 水의 ㅇㅎ을 土로 응용하고 土의 ㅁㅂㅍ을 水로 응용한다고 각종 성명학 서적을 발간하고 사용하여 우리들 스스로가 숭고한 우리 민족의 혼과 얼이 담긴 '훈민정음 한글'의 명예를 땅에 떨어뜨리는 동시에 작게는 개인의 운명을, 크게는 국운을 억제하는 일들을 서슴없이 자행한 것이 너무도 안타깝다는 생각이다. 지금부터라도 우리는 올바르게 '훈민정음 한글'을 사용하고 응용하는 것이 무엇보다도 소중하고 중요하다는 판단이다.

이것은 세상사 모든 이치가 복잡한 사람과 사람의 육친적인 인연으로 부모에 의해 새롭게 태어나 부모에게 말을 배우고 성장하여 수없이 만나는 육친적인 관계에서 만나고 이루어지는 대화하는 말소리와 글에 의해 음양오행의 기운작용과 영향이 발생하여 육친적인 모든 일들이 그 음양오행이 발생하는 생극제화 이치에 의해 길흉으로 나타나는 이치가 법칙으로 사람이 문서의 글이나 사람의 말소리에 민감하게 반응하여 생각하고 고민하다가 스스로 판단하여 행동으로 옮기면서 사람에게 온갖 길흉화복이나 생사고락이 발생하다가 죽어 혼령이 되어 똑같이 사용한다는 것을 뜻하는 이치로 우리가 태어나 험난한 세상을 살아가는 데 있어서 상당히 중요한 육친적으로 인수(印綬)나 식상(食傷)의 이치를 정확하게 제시하고 있기 때문이다.

또한 사람이 살아가며 말하는 모든 생활환경에는 반드시 음양오행의 기운, 성품, 성질, 성향, 유형이 갖추어져 작용하고 영향이 발생한다는 것을 뜻하는 이치를 강조하여 제시한 중요한 내용이 숨겨져 있다는 것이 사실이기 때문에 우리가 모든 생활 속에서 '한글'의 문자와 소리를 올바르게 응용하여 사용하는 것이 법칙이다. 특히 우리가 국가나 사회나 개인적으로 모든 일을 추진하는 경우에 앞으로 『훈민정음 해례본』을 중심으로 우리 한글의 초성·중성·종성으로 자음과 모음을 올바르고 정확하게 응용하여 한글을 읽고 말하는 소리의 이치와 쓰고 기록하는 숫자의 이치에 의해 가장 맑고 깨끗하고 선명한 음양오행의 기운작용과 영향이 발생하는 이치를 참고하여 응용하여야 모든 일들이 순조롭게 이루어지는 동시에 반드시 성공하게 된다는 것이 법칙이라는 것을 제시한 내용이다.

그러므로 **국보 제70호 『훈민정음 해례본』 '제자해'**에 근거하여 우리의 '훈민정음 한글' 속에는 음양오행의 이치가 숨겨져 있다는 것을 볼 때에 우리의 '훈민정음 한글'은 우리가 살아가는 모든 생활의 어떠한 이치를 응용하고 대비하여도 세계에서 가장 우수한 문자와 소리라는 것을 증명하고 있는 동시에 우리가 살아가는 모든 주변에 있는 모든 것이 올바르게 갖추어진 음양오행의 기운, 성품, 성질, 성향, 유형에 의해 생명을 유지하고 존재하는 것이 법칙으로 우리는 좋든 싫든 그 음양오행의 생극제화의 작용과 영향에 따라 각각 생사가 좌우되어 존재하고 있다는 것을 증명하고 있는 것이다.

우리가 아는 훈민정음 한글이 초성·중성·종성 자음과 모음으로 구성되어 음양의 합으로 상합자의 이치에 의해 하나의 문자와 글귀의 '한글'이 형성되어 한글로서 무한대의 뜻을 자유자재로 표출하여 꿈과 이상을 표현하여 목표를 달성하는 것이 최종목표로 대우주와 대자연에 존재하는 모든 만물과 사물의 천지인의 이치와 음양의 이치에 부응하는 것이 특징으로 이 훈민정음 한글 초성·중성·종성으로 자음과 모음이 만들어진 과정을 『**훈민정음 해례본**』 '**제자해**'에 자세히 기록하고 있다.

사람이 말하는 신체 구강의 구조를 5개의 목화토금수 오행의 이치로 구분하여 **木은 잇몸, 火는 혀, 土는 입술, 金은 치아, 水는 목구멍**으로 각각 구분하여 '한글'을 읽고 말하는 순간에 발생하는 신체구조의 모양과 그림으로 나타나는 소리를 木은 어금닛소리, 火는 혓소리, 土는 입술소리, 金은 잇소리, 水는 목구멍소리로 각각 구분하여 훈민정음 한글 초성·중성·종성으로 자음과 모음이 만들어졌고 또 사람이 말하는 과정마다 움직이는 신체의 구조적인 면을 대우주와 대자연에 존재하는 모든 만물과 사물의 이치를 응용하여 음양오행의 기운으로 구분하였다는데 놀라지 않을 수가 없다.

이것은 대우주와 대자연에 존재하는 모든 만물과 사물의 이치로 하나의 구성원으로 소우주의 이치로 사람이 음양오행의 기운, 성품, 성질, 성향, 유형을 올바르게 갖추고 태어나 살아가는 이치를 그대로 적용하였다는 것을 알 수가 있는데 사람의 얼굴이 오장육부의 이치로 木에 해당하면서 훈민정음 한글을 읽고 말하는 소리가 오장육부로 입의 혀가 火에 해당하는 입에서 시작되는 이치로 이

것이 바로 木生火의 이치로 육친의 이치로 식상(食傷)에 해당하여 식상(食傷)이 사람에게 얼마나 소중하고 중요하다는 것을 알려주는 것이다.

　사람이 만물과 사물의 가장 대표적인 초목(木)의 기와 질의 성품을 똑같이 닮아 올바르게 갖추고 살아가는 이치로 사람이 말하는 입이 식상(食傷)으로 음양오행의 이치로 火에 해당하는 구강구조를 또다시 음양오행의 기운으로 구분하여 발생하는 소리를 근본으로 문자와 소리를 만들어 또 음양오행의 기운으로 각각 구분하여 한글을 읽고 말하는 소리의 이치와 쓰고 기록하는 획수의 이치에 의해 확실하고 정확하게 가장 맑고 깨끗하고 선명한 음양오행의 기운이 발생하고 작용하는 것을 문서로서 확실하게 근거를 제시하였다는 것이 놀랍다. 초목이 성장하여 꽃이 피어 목화토금수 기와 질의 성품이 각종 열매의 씨앗을 풍성하게 결실하고 수확하는 것과 똑같은 이치를 발견할 수가 있어 우리는 이 고서를 통하여 우리 훈민정음 한글을 세계화하는 데 초석이 된다는 것을 알아야 한다.

　대우주와 대자연에 존재하는 모든 만물과 사물의 이치로 각종 사람이나 동식물은 근본적으로 씨족이나 혈통인 부모의 음양의 조화와 균형의 이치로 잉태되고 파생되어 음양의 남녀가 오행의 기와 질의 성품을 소유하고 태어나 성장하여 음양의 암수로 짝을 만나 결혼하여 후대의 자손을 음양으로 아들과 딸을 낳고 늙어 죽어 대우주와 대자연으로 사라지는 것이 바로 천지인의 이치이며 생왕묘의 이치다. 대우주와 대자연에 존재하는 모든 만물과 사물의 이치로 가장 대표적인 초목의 핵인 씨앗이나 뿌리가 새봄에 발아되어 새싹을 돋우고 여름에 튼튼하게 성장하여 긴 여름에 꽃을 피우고 가을에 단단한 열매의 씨앗을 풍성하게 결실하고 누렇게 말라 죽어 생명을 다하나 그 단단한 열매인 씨앗의 생명은 추운 겨울에 동결하고 수장하여 보호하였다가 새봄에 다시 푸른 새싹을 돋우고 태어나는 것을 반복하는 동일한 이치로 사람이 부모에 의해 봄·여름·가을·겨울 사계절 24절기의 '때와 장소'를 가리지 않고 태어나 가장 똑똑한 만물의 영장으로 살아가는 것이다. 사람이 바로 초목과 똑같은 생왕묘의 이치에 의해 생사가 좌우되는 것이 법칙으로 음양오행의 이치로 木인 초목의 기운, 성품, 성질, 성향, 유형에 해당하는 것은 사람이 입으로 말하는 근본이 바로 몸체의 구성이 100%가 수분이라 해도 과언이 아니다. 신체가 음양의 이치로 음의 水의 인수(印綬)인 부모의 정자와 난자에 의해 水生木의 이치로 음양의 자손이 태어나 신체가 구성되어 성장하여 존재하는데 사람의 육체를 음양오행의 기와 질의 성품으로 구분하여 木은 비견, 겁(比肩,劫)으로 사람이 머리로 생각하여 얼굴의 입으로 말하는 소리가 발생하는 이치가 바로 木生火의 이치로 火의 식신 상관(食神 傷官)이다. 또 말하는 소리에 의해 반응하고 작용하여 판단력으로 몸으로 움직이면서 활동하여 풍요로운 것이 火生土의 이치로 土의 재성(財星)이며 활발한 활동을 통하여 크고 작게 성공하여 결실하여 명예가 오르거나 실패하여 어려운 일이 발생하여 고통을 받는 것이 土生金의 이치로 金이 관성 관살(官星 官殺)이다. 다시 그 결실과 실패를 통하여 쉬고 자고 배우고 재충전하여 모든 것을 해결하는 것이 바로 水生木의 이치가 水의 인수(印綬)로 다시 순환상생의 이치가 발생하여 음양오행이나 육친의 이치와 동일하게 끊임없이 순환상생하면서 새로운 생명이 태어나 각각 천지인의 생왕묘의 이치에 부응하며 생명을 유지하고 존재하다가 죽어 사라져 영혼이 되는 것이 사람으로 살아가면서 수많은 사람을 만나 대화하는 생활 속에서 각종 생사고락이 펼쳐지게 되는 것이다.

다음은 『훈민정음 해례본』 '제자해'에 '초성범십칠자(初聲凡十七字)'라 하여 초성으로 자음의 17개 문자를 만드는 과정의 설명이다.

"아음ㄱ 상설근폐후지형(牙音ㄱ 象舌根閉喉之形)**"**

"ㄱ은 어금닛소리로 혀뿌리가 목구멍을 닫는 모양과 그림이다."

"설음ㄴ 상설부상악지형(舌音ㄴ 象舌附上腭之形)**"**

"혓소리의 ㄴ은 혀가 잇몸상부에 붙어 있는 모양과 그림이다."

"순음ㅁ 상구형(脣音ㅁ 象口形)**"**

"입술소리의 ㅁ은 입의 모양과 그림이다.

"치음ㅅ 상치형(齒音ㅅ 象齒形)**"**

"ㅅ의 잇소리는 이의 모양과 그림이다."

"후음ㅇ 상후형(喉音ㅇ 象喉形)**"**

"ㅇ의 목구멍소리는 목구멍의 모양과 그림이다."

"ㅋ비ㄱ 성출초려 고가획(ㅋ比ㄱ 聲出稍厲 故加劃)**"**

"ㅋ은 ㄱ에 비해 소리가 점점 엄하고 세서 획을 더 붙인 것이다."

"ㄴ이ㄷ ㄷ이ㅌ ㅁ이ㅂ ㅂ이ㅍ ㅅ이ㅈ ㅈ이ㅊ ㅇ이ㆆ ㆆ이ㅎ 기인 성가획지의개동 이유ㅇ위이(ㄴ而ㄷ ㄷ而ㅌ ㅁ而ㅂ ㅂ而ㅍ ㅅ而ㅈ ㅈ而ㅊ ㅇ 而ㆆ ㆆ而ㅎ 其因聲加劃之義皆同 而唯ㅇ爲異)**"**

"ㄴ이 ㄷ, ㄷ이 ㅌ, ㅁ이 ㅂ, ㅂ이 ㅍ, ㅅ이 ㅈ, ㅈ이 ㅊ, ㅇ이 ㆆ, ㆆ이 ㅎ은 모두 그 소리의 원인에 따라 올바르게 획을 더 붙인 뜻은 같으나 오직 ㅇ이 다른 것이 된다."

"반설음ㄹ, 반치음ㅿ, 이상설치지형이이기체, 무가획지의언(半舌音 ㄹ, 半齒音ㅿ, 而象舌齒之形而異其體, 無加劃之義焉)**"**

"반혓소리의 ㄹ과 반잇소리의 ㅿ는 이와 혀의 모양과 그림이나 그 모양을 달리하였으며 획을 더 붙이는 뜻은 없다."

지금부터는 우리가 알아야 할 훈민정음 한글 초성으로 자음의 소리에 발생하는 목화토금수의 기운이 발생하는 근본에 대하여 기록한 내용이다.

"부인지유성본어오행 고합제사시이불패 협지오음이불려(夫人之有 聲本於五行 故合諸四時而不悖 叶之五音而不戾)**"**

"사람의 목소리에는 목화토금수 음양오행의 기운이 발생하는 근본이 존재하는데 본래 모든 것이 봄·여름·가을·겨울 사계절의 이치에 어긋나지 않으며 또한 다섯 가지 소리의 궁상각치우가 발생하는 이치에 벗어나지 않는다."

이것은 대우주와 대자연에 존재하는 모든 만물과 사물의 각종 사람이나 동식물이나 심지어 혼령이나 귀신도 천지인의 이치나 음양오행의 이치나 봄·여름·가을·겨울 사계절 24절기의 이치에 의해 발생하는 목화토금수의 오행에 해당하는 다섯 가지 궁상각치우 소리에 의해 사람이 가장 민감하게 반응하면서 생각하고 판단하여 몸으로 직접적으로 활동을 시작하는 이치가 순간적으로 반응하면서 길고 짧은 기간에 길흉화복의 결과가 결정된다는 이치다.

훈민정음 한글 초성·중성·종성으로 자음과 모음이 음양의 합으로 상합자의 이치로 만나 짝하여 하나의 문자와 소리가 완성되고 형성되어 무한대의 글귀가 발생하면서 한글을 읽고 말하는 소리의 이치와 쓰고 기록하는 획수의 이치와 문자의 뜻에 의해 발생하는 음양오행의 기운작용과 영향을 중요시하고 있어 무엇보다도 사람이 직접 말과 행동으로 표현하여 부와 명예를 얻는 식상(食傷)의 이치를 식신(食神) 상관(傷官)의 길흉으로 구분하는 이치를 그대로 표현하는 중요한 내용이다. 즉, 말하는 과정에서 선과 악이 그리고 상대를 존대하는 말과 상대를 욕하는 상말이 발생하는 경우에 따라 각종 재난이 발생하는 이치를 알아야 한다는 것이다.

식상(食傷)의 이치를 식신 상관(食神 傷官)으로 구분하는 이치가 사람이 말과 행동을 통하여 의식주를 해결하는 이치를 말하는데 식신(食神)은 식신생재(食神生財)의 이치로 사람이 위법행위를 하지 않고 정직하고 올바른 말과 행동으로 상대방에게 인정을 받아 의

식주를 해결하는 방법으로 법과 질서를 지켜 관재구설이 발생하지 않는 평온한 생활방식이며 상관(傷官)은 자유로운 것으로 법과 질서를 무시하는 위법한 수단과 방법으로 상대가 인정하든 안 하든 자기 의지와 뜻대로 말과 행동을 통하여 의식주를 해결하는 방법이다. 식상생재(食傷生財)의 이치로 의식주를 해결하지만 항시 관재구설이 발생하여 신상에 피해가 발생하는 것이 특징으로, 어느 누구를 막론하고 식신(食神)의 이치를 통하여 생활하는 것이 최상이다.

훈민정음 한글 초성으로 자음을 만드는 데 있어서 생활의 모든 근간이 되는 근본으로 목화토금수 오행의 이치를 응용하였는데 木은 시작과 성장의 이치를 火는 성장과 활동의 이치를 土는 왕성하고 무성한 이치를 金은 굳고 결실하는 이치를 水는 수장하고 보호하고 저장하여 생명을 유지히고 보존하는 이치가 발생하는 것을 기초로 사람이 말하는 입에 의해 식상(食傷)이 발생하는 木生火의 이치로 신체 구강의 구조를 다시 목화토금수 오행의 기운으로 구분하여 훈민정음 한글 초성·중성·종성으로 자음과 모음을 만들었다는 것을 알 수가 있다.

다음은 훈민정음 한글 초성으로 자음이 대우주와 대자연에 존재하는 모든 만물과 사물의 천지인의 이치와 음양오행의 이치와 사계절의 이치와 신체의 이치를 통하여 소리의 가장 대표적인 궁상각치우 소리가 발생하는 동시에 목화토금수의 기운이 발생하는 이치를 자세히 기록한 내용이다.

"후수이윤(喉邃而潤) **수야**(水也) **성허이통**(聲虛而通) **여수지허명이**

류통야(如水之虛明而流通也) **어시위동**(於時爲冬) **어음위우**(於音爲羽)**"**

"입안의 깊숙한 목구멍에서 촉촉하게 젖어 나오는 목구멍소리는

후음(喉音)으로 음양오행의 이치로 물의 水이며 소리가 비어 허약하

지만 두루 미치고 통하는 소리로 물이 밝게 흐르고 통하는 이치와

똑같아 목구멍의 형상이며 사계절의 이치로는 겨울이 되고 오음(五

音)으로는 우음(羽音)으로 물에 해당한다."

위 내용은 대우주와 대자연에 존재하는 모든 만물과 사물의 천

지인의 이치와 음양오행의 이치와 사계절의 이치로 겨울에 외음내

양(外陰內陽)의 이치로 만물과 사물의 가장 대표적인 초목의 핵인

씨앗이나 뿌리의 생명을 강한 추위로 동결시켜 수장하여 생명을

보호하고 저장하였다가 새로운 신년으로 보내 다시 水生木의 이치

로 새봄에 발아되어 새싹이 돋아나도록 순환상생하는 이치이며 물

은 동서남북 사방팔방으로 밝게 흐르고 통하면서 모든 만물과 사

물의 사람이나 동식물의 생명을 살리는 근본의 이치를 그대로 응

용하여 물(水)은 육친의 이치로 인수(印綬)에 해당한다.

"아착이장(牙錯而長) **목야**(木也) **성사후이실**(聲似喉而實) **여목지생**

어수이유형야(如木之生於水而有形也) **어시위춘**(於時爲春) **어음위각**(於

音爲角)**"**

"입안 잇몸의 어금니가 섞여 길게 벌어지면서 발생하는 어금닛소

리는 아음(牙音)으로 어금니가 어긋나 길게 늘어져 음양오행의 이

치로 나무의 木이며 소리가 가득 차 있어 목구멍소리와 비슷하여 그 형체가 물에 의해 나무가 태어나는 이치의 모양과 그림이 존재하여 사계절의 이치로는 봄이 되고 오음(五音)으로는 각음(角音)으로 木의 나무에 해당한다."

위 내용은 대우주와 대자연에 존재하는 모든 만물과 사물의 천지인의 이치와 음양오행의 이치와 사계절의 이치로 포근하고 따뜻한 봄에 만물과 사물의 가장 대표적인 초목의 핵인 씨앗이나 뿌리가 水生木의 이치로 겨울에서 봄으로 순환상생하면서 발아되어 살아나 푸른 새싹을 돋우고 태어나 성장하는 이치를 그대로 응용하여 木의 나무는 사람과 기와 질의 성품이 동일하여 육친의 이치로 비견, 겁(比肩, 劫)에 해당한다.

"설예이동(舌銳而動) **화야**(火也) **성전이양**(聲轉而颺), **여화지전이양양야**(如火之轉展而揚揚也), **어시위하**(於時爲夏) **어음위징**(於音爲徵)**"

"입안의 혀가 빠르게 활동하며 움직여 발생하는 헛소리의 설음(舌音)으로 음양오행으로 불로 火가 되는 이치이며 소리가 구르며 옮겨 붙어 변해서 날리는 소리로 불이 발달하여 구르며 위로 오르는 것과 같아 사계절의 이치로 여름이 되고 오음으로는 치음(徵音)으로 火의 불에 해당한다."

위 내용은 대우주와 대자연에 존재하는 모든 만물과 사물의 천지인의 이치와 음양의 이치와 음양오행의 이치와 사계절의 이치로 뜨겁고 무더운 여름에 만물과 사물의 가장 대표적인 초목이 木生

火의 이치로 뜨거운 빛과 열기에 의해 튼튼한 뼈대와 줄기를 갖추고 빠르게 위로 성장하여 꽃이 피는 이치를 그대로 응용하여 火인 불은 사람이 성장하여 말과 행동으로 표현하는 것과 동일하여 육친의 이치로 식상(食傷)에 해당한다.

"치강이단(齒剛而斷) 금야(金也) 성설이체(聲屑而滯) 여금지설쇄이단성야(如金之屑瑣而鍛成也) 어시위추(於時爲秋) 어음위상(於音爲商)"

"입안의 이빨은 굳세고 단단한 강철을 끊고 부수는 잇소리는 치음(齒音)으로 음양오행의 이치로 쇠로 金이 되는 이치이며 소리가 이로 잘게 부수어 가루가 밖으로 막히며 빠져 나가는 소리로 자질구레한 쇠를 부수어 불에 달구어 사물을 이루는 것과 같은 이치와 같아 사계절의 이치로 가을이 되고 오음(五音)으로는 상음(商音)으로 金의 쇠에 해당한다."

위 내용은 대우주와 대자연에 존재하는 모든 만물과 사물의 천지인의 이치와 음양오행의 이치와 사계절의 이치로 맑고 청정하고 서늘한 가을에 단단한 씨앗의 열매를 풍성하게 결실하는 만물과 사물의 가장 대표적인 초목이 土生金의 이치로 초목의 핵인 씨앗의 열매가 껍질이 단단하게 굳어 익어 풍성하게 결실하고 과일은 수분과 당분이 풍부하게 결실하는 이치를 그대로 응용하여 金인 쇠를 불에 제련하여 각종 기물을 만들어 사용하듯 풍성하게 결실하는 이치로 사람이 부와 명예를 얻어 결실하는 이치와 동일하여 육친의 이치로 관성(官星)에 해당한다.

"**순방이합**(脣方而合) **토야**(土也) **성함이광**(聲含而廣) **여토지함축만물이광대야**(如土之含蓄萬物而廣大也) **어시위계하**(於時爲季夏) **어음위궁**(於音爲宮)"

"입술은 동서남북 사방의 입술이 모여 하나가 되어 만나는 입술소리는 순음(脣音)으로 음양오행의 이치로 흙으로 土가 되는 이치이며 소리가 넓게 품어 머금는 소리로 흙이 만물을 넓고 크게 저장하고 감추어 품는 이치와 같아 사계절의 이치로 늦여름의 삼복더위가 되고 오음(五音)으로는 궁음(宮音)으로 土의 흙에 해당한다."

위 내용은 대우주와 대자연에 존재하는 모든 만물과 사물의 천지인의 이치와 음양오행의 이치와 사계절의 이치로 뜨거운 삼복더위의 늦여름에 만물과 사물의 가장 대표적인 초목이 火生土의 이치로 무더운 늦여름에 광활한 대지에서 완전히 성장하여 꽃이 만발하여 가을에 결실할 준비를 마치는 이치를 그대로 응용하여 사람이 왕성하게 활동하여 결실을 시작하는 이치와 동일하여 육친의 이치로 재성(財星)에 해당한다.

다음은 대우주와 대자연에 존재하는 모든 만물과 사물의 천지인의 이치와 음양의 이치로 음양이 서로가 조화와 균형을 이루고 중화를 이루는 이치가 중요하다는 내용의 기록이다.

"**연수내생물지원**(然水乃生物之源) **화내성물지용**(火乃成物之用) **고오행지중**(故五行之中) **수화위대**(水火爲大)"

"그리하여 물(水)은 생명을 소유한 모든 만물과 사물이 태어나는 근원이 되고 불(火)은 모든 만물과 사물을 이루는 데 쓰이는 것으로 본래 음양이나 목화토금수 오행 중에서 가장 넓고 크게 두루 미치는 것이 물과 불로 水火의 음양이다."

위 내용은 대우주와 대자연에 존재하는 모든 만물이나 사물의 천지인의 이치와 음양의 이치로 음양이 서로가 만나 조화와 균형을 이루고 중화를 이루는 것이 가장 위대하고 중요하다는 이치를 뜻하여 음양의 이치로 하늘과 땅, 하루의 밤낮, 봄·여름·가을·겨울 사계절, 동서남북, 암수, 크고 작음, 생사 등등 이 세상에 존재하는 모든 것이 음양의 조화와 균형을 이루고 중화를 이루는 것이 바로 수화기제(水火旣濟)의 이치에 의해해 해와 달의 밤낮의 음양이 존재하여 대우주와 대자연에 존재하는 모든 만물과 사물의 이치로 각종 사람이나 동식물이 음양의 이치로 파생되어 각각 생명을 유지하고 존재한다는 것을 뜻하는 이치로 음양의 이치를 강조하였다.

다음은 소리가 발생하는 근본적인 이치에 대한 기록으로 4개의 방향인 동서남북의 이치를 응용한 내용이다.

"후내출성지문(喉乃出聲之門) **설내변성지관**(舌乃辨聲之管) **고오음지중**(故五音之中) **후활위주야**(喉舌爲主也)"

"목구멍은 소리기 시작되어 나타나는 근본의 뿌리가 되어 소리를 동서남북으로 보내는 관문이며 혀는 소리를 나누어 분별하는 대롱으로 본래 오음(五音)인 궁상각치우 소리의 중심은 목구멍과 혀가 주체가 된다."

위 내용은 대우주와 대자연에 존재하는 모든 만물과 사물의 천지인의 이치와 음양의 이치로 오음의 궁상각치우 소리를 표현하는 소리가 水의 목구멍소리가 근본의 뿌리가 되는 것은 육친의 이치로 인수(印綬)가 되고 혀는 밖으로 표현하는 목소리를 각각 구별하여 내보내는 대롱으로 火의 혓소리는 사람이 소유한 꿈과 이상을 표출하는 근본으로 뿌리가 되는 것은 水生木의 이치로 사람이 생각한 꿈과 이상의 목표를 木生火의 이치로 상대방에게 말로서 표현하는 식상(食傷)이며 목구멍과 혀는 음양오행의 이치로 水火에 해당하여 서로가 앙숙관계를 유지하면서 음양의 수화기제(水火旣濟)의 이치로 서로가 조화와 균형을 이루고 중화를 이루고 존재하는 것이 법칙으로 육친의 이치로 인수(印綬)의 목구멍에 의해 식상(食傷)의 혀로 말하는 소리를 억제하고 조절하고 통제하여야 한다는 이치가 성립된다. 말하는 상대방에 따라 존댓말하거나 또는 상스러운 욕이 발생하는 것이 바로 육친의 생극제화 이치다. 즉, 인극식상(印剋食傷)의 이치가 성립되어 우리가 상대방에게 말하는 것이 얼마나 중요하고 소중한가를 알려주는 내용이다. 또한 대우주와 대자연의 이치가 하루의 밤낮으로 음의 큰 火의 달과 양의 큰 火의 태양을 중심으로 모든 대자연이 형성되는 것이 법칙으로 밝은 火의 양이 주체가 되어 모든 만물과 사물이 각각 생명을 유지하고 존재한다는 이치가 담긴 내용이다.

다음은 훈민정음 한글의 동서남북 방향의 이치에 대해 기록한 내용이다.

**"후거후이아차지 북동지위야 설치우차지 남서지위야 순거말 토무
정위이기왕사계지의야**(喉居後而牙次之 北東之位也 舌齒又次之 南西之位也
脣居末 土無定位而寄旺四季之義也)**"**

"목구멍의 뒤쪽에 어금니가 그 뒤를 이어 자리를 차지하고 있어
위치가 북동쪽이며 또 혀와 이가 그 뒤를 이어 위치가 남서쪽이며
입술은 맨 끝에 차지하고 있어 흙($\pm$)으로 흙은 정해진 동서남북의
방향이 없이 왕성한 봄·여름·가을·겨울 사계절의 끝에 붙어 사계절
이 올바르게 순환하여 보내는 뜻이 있다."

위 내용은 대우주와 대자연에 존재하는 모든 만물과 사물의 천
지인의 이치와 음양의 이치와 4개의 동서남북 방향의 이치로 물(水)
이 왕래하는 목구멍은 음중음(陰中陰)으로 水가 되는 이치로 북쪽
에 위치하여 사계절의 이치로 추운 겨울에 해당하고 나무(木)의 어
금니는 양중음(陽中陰)으로 木이 되는 이치로 동쪽에 위치하여 사
계절의 이치로 포근하고 따뜻한 봄에 해당하고 불(火)은 혀가 빠르
게 활동하여 양중양(陽中陽)으로 火가 되는 이치로 남쪽에 위치하
여 사계절의 이치로 뜨겁고 무더운 여름에 해당하고 쇠(金)의 이는
단단하고 강해서 음중양(陰中陽)으로 金이 되는 이치로 서쪽에 위
치하여 사계절의 이치로 차고 서늘한 가을에 해당하고 흙($\pm$)의 입
술은 소리를 품어 안팎으로 이어주고 통하는 이치로 정해진 위치
가 없는 중성자의 역할을 하는 중앙(中央)에 위치하여 사계절의 이

치로 무덥고 건조한 늦여름의 삼복더위에 해당하는 동시에 1년 봄·여름·가을·겨울 사계절이 순환상생의 이치로 계절과 계절의 끝에 위치하여 봄·여름·가을·겨울 사계절을 끊임없이 이어주는 순환상생의 임무를 수행하고 있다는 뜻으로 방향의 이치에 따라 목화토금수 오행의 기운이 발생한다는 뜻이다.

"시 칙초성지중 자유음양오행방위지수야 우이성음청탁이언지(是則初聲之中 自有陰陽五行方位之數也 又以聲音淸濁而言之)**"**

"올바른 법칙에 의해 최초의 소리인 초성으로 자음에는 음양오행의 이치와 4개의 동서남북 방향의 이치와 1234567890 숫자의 이치가 스스로 갖추고 존재하는 것이 법칙이며 또한 그 목소리가 맑고 깨끗하고 선명한 소리와 더럽고 흐리고 탁한 소리에 대하여 말한다."

위 내용은 훈민정음 한글 초성으로 자음에는 대우주와 대자연에 존재하는 모든 만물과 사물의 천지인의 이치와 음양오행의 이치와 방향의 이치와 숫자의 이치를 스스로 올바르게 갖추고 존재하는 동시에 훈민정음 한글의 문자와 소리가 각각 자체적으로 보유한 음양오행의 생극제화 상생상극 이치가 발생하여 맑고 깨끗하고 선명하고 흐리고 탁한 소리가 발생하는 문자로 대우주와 대자연에 존재하는 어떠한 이치를 대비하여도 손색이 없다는 뜻으로 우리의 훈민정음 한글은 가장 맑고 깨끗하고 선명한 목화토금수 오행의 기운이 발생하는 문자와 소리로 세계에서 가장 훌륭하다는 것을 증명하는 내용이다.

위와 같이 대우주와 대자연의 존재하는 모든 만물과 사물의 천지인의 이치와 음양오행의 이치와 사계절의 이치와 방향의 이치와 숫자의 이치와 신체 구강의 이치를 음양오행의 기와 질의 성품으로 구분하여 응용하고 형상화하여 훈민정음 한글 초성으로 자음이 만들어지는 과정을 자세하게 기록하여 우리가 '한글'을 읽고 말하는 소리의 이치와 쓰고 기록하는 숫자의 이치에 의해 가장 맑고 깨끗하고 선명한 목화토금수 기운이 발생하는 법칙을 자세하게 기록하여 음양오행의 기와 질의 성품을 중요하게 강조한 내용이다.

다음은 훈민정음 한글 초성으로 자음을 사람이 말하는 소리에는 음양의 이치로 맑고 흐린 것으로 구분한 내용이다.

"ㄱㄷㅂㅈㅅㆆ 위전 ㅋㅌㅍㅊㅎ 위차청청 ㄲㄸㅃㅉㅆㆅ 위전탁 ㆁㄴㅁㅇㄹㅿ 위불청불탁(ㄴㄷㅂㅈㅅㆆ 爲全淸 ㅋㅌㅍㅊㅎ 爲次淸 ㄲㄸㅃㅉㆅ 爲全濁 ㆁㄴㅁㅇㄹㅿ 爲不淸不濁)**"**

"ㄱㄷㅂㅈㅅㆆ은 완전히 맑고 깨끗한 소리가 되고 ㅋㅌㅍㅊㅎ은 그 뒤를 이어 맑고 깨끗한 소리가 되고 ㄲㄸㅃㅉㅆㆅ은 완전히 흐린소리가 되고 ㆁㄴㅁㅇㄹㅿ은 맑고 깨끗하거나 흐린 글자가 아니다."

위 내용은 대우주와 대자연에 존재하는 모든 만물과 사물의 천지인의 이치와 음양의 이치로 훈민정음 한글 초성으로 자음의 ㄱㄷㅂㅈㅅㆆ은 음양의 이치로 맑고 깨끗하고 선명한 소리로 양으로 음양의 이치로 양중양(陽中陽)의 이치에 해당하는 문자가 되고 ㅋㅌㅍ

ㅊㅎ은 음양의 이치로 두 번째로 맑고 깨끗하고 선명한 소리로 양으로 음양의 이치로 양중음(陽中陰)의 이치에 해당하는 문자가 되고 ㄲㄸㅃㅉㅆㆅ은 음양의 이치로 완전히 둔탁하고 흐린 음으로 음양의 이치로 음중음(陰中陰)의 이치에 해당하는 문자가 되고 ㅇㄴㅁㅇㄹㅿ은 음양의 이치로 양의 맑고 깨끗하지도 않고 음의 흐리고 탁하지도 않아 음양의 이치로 음중양(陰中陽)에 해당하는 문자가 되어 소리를 음양의 이치로 보아도 서로가 조화와 균형을 이루고 중화를 이루고 존재한다는 뜻이다.

"ㄴㅁㅇ 그성최불려 고차서수재어후 이상형제자칙위지시 ㅅㅈ 수개위전청 이 이ㅅ비ㅈ 성불려 고역위제자지시(ㄴㄷㅇ 其聲最不勵 故次序雖在於後 而象形制字則爲之始 ㅅㅈ 雖皆爲全淸 而ㅅ比ㅈ 聲不勵 故亦爲制字之始)**"**

"ㄴㅁㅇ은 그 소리가 가장 엄하고 거세지 않아 본래 순서로는 뒤쪽에 있지만 그 모양과 그림으로 글자를 만든 것이 법칙으로 시초가 되고 ㅅㅈ은 비록 모두가 완전하게 맑고 깨끗한 것이 되어 ㅅ을 ㅈ에 견주어 그 소리가 엄하고 거세지 않아 글자를 만드는 시초가 된다."

위 내용은 대우주와 대자연에 존재하는 모든 만물과 사물의 천지인의 이치와 음양의 이치로 ㄴㅁㅇ과 ㅅㅈ은 음양의 이치로 양중양(陽中陽)의 이치에 해당하는 문자와 소리로 그 소리가 가장 엄하고 세지도 않아 훈민정음 한글 초성으로 자음이 되는 이유가 각각

대우주와 대자연에 존재하는 모든 만물과 사물의 모양과 그림을
형상화하여 만들어 문자와 소리의 시초가 되는 동시에 양에 해당
한다는 뜻이다.

**"유아지ㅇ 수설근폐후성기출비 이기성여ㅇ상사 고운서의여유다
상혼용 금역취상어후 이불위아음제자시 개후속수이이아속목 ㅇ수
재아이여ㅇ상사 유목지맹아생어수이유연 상다유기야**(唯牙之ㅇ 雖舌
根閉喉聲氣出鼻 而其聲與ㅇ相似 故韻書疑與喩多相混用 今亦取象於喉 而不爲
牙音制字始 盖喉屬水而牙屬木 ㅇ雖在牙而與ㅇ相似 猶木之萌芽生於水而柔軟
尙多水氣也)**"**

"오직 어금닛소리의 ㆁ은 비록 혀의 뿌리가 목구멍을 막아 나오
는 소리의 기운이 코로 나타나지만 그 소리가 ㅇ과 서로 비슷하게
닮아서 본래 소리에 따라 글씨를 쓸 경우에 ㅇ과 ㆁ은 깨우치는 데
의심이 많아 서로가 섞여 사용하는데 모두 목구멍의 모양과 그림
을 골랐지, 처음부터 어금닛소리로 만들지 않았으며 대체적으로 목
구멍은 물(水)에 속하고 어금니는 나무(木)에 속하여 비록 ㆁ이 어
금닛소리에 존재하지만 ㅇ과 서로가 비슷하게 닮아 오히려 물(水)
에서 나무(木)가 새싹을 돋우고 부드럽고 연약하게 태어나는 것과
같아 물(水) 기운이 많은 것을 바라는 것이다."

위 내용은 대우주와 대자연에 존재하는 모든 만물과 사물의 천
지인의 이치와 음양의 이치로 훈민정음 한글 초성으로 자음에 해
당하는 木의 어금닛소리의 ㆁ과 혀의 뿌리가 목구멍을 막아 나오

는 물(水)에 해당하는 ㅇ의 글자와 소리가 서로가 그 모양과 그림이 비슷한데 이것은 어금닛소리의 나무(木)가 아니라 물(水)이 많은 목구멍소리로 나무가 물에 의해 새싹이 돋아나는 이치로 물이 많은 것을 바란다는 뜻으로 ㅇ과 ㆁ은 음양오행의 이치로 물(水)에 가깝다는 뜻이다.

※ 현재는 ㅇㆁ을 구분하지 않고 ㅇ으로 사용하여 음양오행의 이치로 음으로 물(水)에 해당한다.

"ㄱ목지성질 ㅋ목지성장ㄲ은 목지노장 고지차내개취상어아야 전청병서칙위전탁 이기전청지성응칙위전탁야(ㄱ木之成質 ㅋ木之盛長 ㄲ木之老壯 故至此乃皆取象於牙也 全清幷書則爲全濁 以其全清之聲凝則爲全濁也)**"**

"ㄱ은 나무(木)의 성품을 이루고 ㅋ은 나무(木)가 오래도록 무성하고 울창하게 길게 자라난 형상이며 ㄲ은 나무(木)가 오래되어 굳센 기상의 형상으로 본래 모두가 어금니의 모양과 그림을 골라 온전하게 맑고 깨끗하나 함께 어우러져 나란히 글씨를 쓰면 완전하게 탁하고 흐린 것이 되는데 그것은 완전하게 맑고 깨끗한 소리가 엉기어 엄해져 완전하게 탁하고 흐린소리가 되는 것이 법칙이다."

위 내용은 대우주와 대자연에 존재하는 모든 만물과 사물의 천지인의 이치와 음양의 이치로 훈민정음 한글 초성으로 자음의 ㄱㅋㄲ의 문자와 소리는 모두가 어금니가 잇몸에서 새싹이 돋아나 튼튼하게 성장하여 무성한 모양과 그림을 형상화하여 만들어지는 이치를 응용하여 나무가 물에 의해 새싹을 돋우고 태어나 성장하여 무성한 큰 나무를 잘라 좋은 재목으로 사용하는 동량지재(棟樑之材)로 음양오행의 이치로 나무(木)의 기운, 성품, 성질, 성향, 유형에 해당하는 문자와 소리로 그 소리는 음양의 이치로 양변음(陽變陰)의 이치로 양에 해당하는 문자의 소리도 너무 많이 쓰거나 읽으면 음에 해당하는 탁하고 흐린소리가 발생한다는 이치의 뜻이다.

"유후음차청위전탁자 개이ㆆ성심불위지응 ㅎ비ㆆ성천고응이위전탁야 ㅇ연서순음지하 칙위순경음자 이경음순사합이후성다야(唯喉音次清爲全濁者 盖以ㆆ聲深不爲之凝 ㅎ比ㆆ聲淺故凝而爲全濁也 ㅇ連書脣音之下 則爲脣輕音者 以輕音脣乍合而喉聲多也)**"**

"오직 두 번째로 맑고 깨끗한 소리의 목구멍소리는 완전하게 탁하고 흐린 자로 대체적으로 ㆆ은 소리가 깊어 엉기어 엄하지 않지만 ㅎ을 ㆆ에 비교하면 소리의 깊이가 얕아 본래 엉기고 엄하여 완전하게 탁하고 흐린소리가 되고 ㅇ은 입술소리의 아래쪽에 연결하여 글씨를 쓰는 것이 법칙으로 가벼운 입술소리가 되는 자로 이것은 가벼운 소리로 입술이 잠깐 만나는 목구멍소리에 많다."

위 내용은 대우주와 대자연에 존재하는 모든 만물과 사물의 천지인의 이치와 음양의 이치로 훈민정음 한글 초성으로 자음의 ㅎ과 ㆆ의 문자와 소리는 양이나 물(水)이 음양오행의 이치로 음에 해당하여 물(水)은 목구멍소리로 서로를 비교하여도 음양의 이치로 음에 해당하는 흐린소리가 발생한다는 뜻으로 종성으로 사용하는 경우에도 음양오행의 이치로 물(水)에 해당하는 문자와 소리라는 뜻이다.

다음은 훈민정음 한글 중성으로 모음을 만드는 이치다.

훈민정음 한글 중성으로 모음은 초성으로 자음을 만나 음양의 합으로 상합자의 이치로 만나 짝하여 서로가 의지하여 문자와 소리가 발생하는 것을 만드는 과정으로 중성으로 모음을 만드는 데 있어서 대우주와 대자연에 존재하는 모든 만물과 사물의 천지인의 이치와 음양의 이치를 응용하여 양의 하늘에 의해 음의 땅에서 수많은 생명이 태어나 땅에서 발생하는 봄·여름·가을·겨울 사계절 24절기의 이치에 순응하며 각각 생명을 유지하고 존재하는 모든 만물과 사물의 이치와 그 모양과 그림을 형상화하여 만들어 목화토금수 오행의 기운이 발생하는 이치에 대해 알아야 한다.

"중성범11자 ·설축이성심천개어자야 형지원상야천지 ―설소축이성불심불천 지벽어축야 형지평상호지야 ㅣ설불축성천 인생어인야 형지립상호인야(中聲凡11字 ·舌縮而聲深 天開於子也 形之圓象乎天也 ―舌小縮而聲不深不淺 地闢於丑也 形之平 象乎地也 ㅣ舌不縮聲淺 人生於寅也 形之立 象乎人也)"

"훈민정음 한글로 가운뎃소리의 중성으로 모음은 모두 11자로 ·는 혀가 오그라져 나오는 깊은 소리로 하루의 시작과 끝인 0시, 자시(子時)에 하늘이 열리기 시작하는 이치로 하늘의 태양이 둥근 모양과 그림을 형상화하였다. ―는 혀가 조금 오그라져 나오는 소리로 소리가 깊지도 않고 얕지도 않아 하루가 시작되는 01시, 축시(丑時)에 땅이 열리기 시작하는 이치로 땅이 바르고 평평한 모양과 그림을 형상화하였다. ㅣ는 혀가 오그라지지 않고 나오는 얕은 소리로 하루가 시작되어 하늘과 땅이 열리고 새벽 03시, 인시(寅時)에 사람이 깨어나 일어나 서 있는 모양과 그림을 형상화하여 만들었다."

위 내용은 대우주와 대자연에 존재하는 모든 만물과 사물의 천지인의 이치와 음양의 이치로 훈민정음 한글 중성으로 모음의 가장 대표적인 'ㆍㅡㅣ' 3개의 문자와 소리는 하늘과 땅에 사람이나 동식물이 새로운 생명으로 태어나 봄·여름·가을·겨울 사계절의 이치와 하루의 밤낮이 발생하는 '때와 장소'의 생활환경에 적응하며 각각 생명을 유지하고 존재하는 이치가 담긴 뜻으로 중성으로 모음의 대표적인 ㆍ는 그 소리가 대우주와 대자연에 존재하는 음양의 이치로 밤이 낮으로 바뀌기 시작하는 0시를 기준하여 23~01시인 자시(子時)에 음인 하루의 밤이 지나고 양의 새로운 날이 시작된다는 이치로 혀가 오그라져 나오는 깊고 얕은 소리로 음양오행의 이치로 불의 火에 해당하고 또 ㅡ는 광활한 대지가 밤 01~03시의 축시(丑時)에 땅이 올바르고 평평하게 열리는 이치로 혀가 조금 오그라져 나오는 소리로 깊지도 얕지도 않아 음양오행의 이치로 흙의 土에 해당하고 또 ㅣ는 새벽 03~05시의 인시(寅時)에 사람이 잠에서 깨어 힘차게 새로운 하루를 시작하는 이치로 혀가 오그라지지 않고 나오는 얕은 소리로 음양오행의 이치로 나무로 木에 해당하는 동시에 천지인과 음양오행의 이치에 따라, ·는 하늘의 양이며 ㅡ는 땅의 음이며 ㅣ는 사람으로 중성자에 해당한다는 이치로 하늘과 땅에 존재하는 모든 만물과 사물의 사람이나 동식물이 주어진 따뜻하고 뜨겁고 무덥고 서늘하고 추운 사계절의 생활환경에 적응하며 각각 생명을 유지하고 존재하는 이치가 담겨 있다는 뜻의 문자이다.

"차하팔성 일합일벽(此下八聲 一闔一闢)**"**

"이 아래 8개의 소리는 하나는 문이 닫히는 것이며 하나는 문이 열리는 것이다."

위 내용은 대우주와 대자연에 존재하는 모든 만물과 사물의 천지인의 이치와 음양의 이치로 훈민정음 한글 중성으로 모음의 새로운 8개의 문자와 소리가 발생하는데 하나는 문이 열리는 양에 해당하는 문자와 소리이며 하나는 문이 닫히는 음에 해당하는 문자와 소리라는 뜻으로 열고 닫는 것이 바로 음양의 이치로 중성으로 모음도 음양의 이치에 의해 각각 목화토금수 오행의 기운이 발생하여 존재한다는 뜻이다.

"ㅗ여 ·동이구축기형칙 ·여일합이성 취천지초교지의야 ㅏ여 ·동이구장기형칙 ㅣ여·합이성 취천지지용발어사물시인이성야(ㅗ與 同而口蹙其形則·與一合而成 取天地初交之義也 ㅏ與 ·同而口張其形則 ㅣ與· 合而成 取天地之用發於事物侍人而成也)**"**

"ㅗ는 ·와 함께 입이 쭈그러지고 오그라지는 모양이 원칙으로

ㆍ와 ㅡ가 모여 만나 이루어지는 문자와 소리로 이것은 하늘과 땅
이 올바르게 최초로 주고받는 이치의 뜻이며 ㅏ는 ㆍ와 함께 입꼬
리가 크게 넓혀져 있는 모양과 그림이 원칙으로 ㅣ와 ㆍ가 만나 이
루어지는 문자와 소리로 이것은 하늘과 땅에 만물과 사물이 사람
을 기다려 쓰고 부리고 보내는 것이 이루어지는 것을 골랐다.”

위 내용은 대우주와 대자연에 존재하는 모든 만물과 사물의
천지인의 이치와 음양의 이치로 훈민정음 한글 중성으로 모음의
ㅗ와 ㅏ의 문자와 소리는 양인 하늘의 ㆍ와 음인 땅의 ㅡ와 중성자
인 사람의 ㅣ가 음양의 합으로 상합자의 이치로 만나 짝하여 이루
어지는 문자와 소리로 음양의 하늘과 땅의 조화에 의한 하루의 밤
낮이나 봄·여름·가을·겨울 사계절의 이치에 의해 음양이 서로가 조
화와 균형을 이루고 중화를 이루는 수화기제(水火旣濟)의 이치에 의
해 모든 만물과 사물이 태어나 사람을 만나 풍성하게 결실하여 생
명을 유지하고 존재하는 이치가 발생하는 뜻의 문자이다.

“ㅜ여 ㅡ동이구축기형칙ㅡ여 ㆍ합이성 역취천지초교지의야 ㅓ여
ㅡ동이구장기형칙 ㆍ여ㅣ합이성 역취천지지용발어사물시인이성야(
ㅜ與 ㅡ同而口蹙其形則ㅡ與 ㆍ合而成 亦取天地初交之義也 ㅓ與 ㅡ同而口張形
則 ㆍ與ㅣ合而成 亦取天地之用發於事物侍人而成也)”

“ㅜ는 ㅡ와 똑같이 입이 쭈그러지는 모양이 원칙으로 ㅡ에 ㆍ와
함께 만나 이루어지는 문자와 소리로 이것은 하늘과 땅에 최초로
올바르게 주고받는 이치의 뜻이며 ㅓ는 ㅡ와 똑같이 입꼬리가 크

게 넓어지는 모양이 원칙으로 `ㆍ`가 ｜와 함께 만나 이루어지는 문자와 소리로 모두 하늘과 땅에서 만물과 사물이 사람을 기다려 쓰고 부리고 보내는 것이 이루어지는 것을 골랐다."

위 내용은 대우주와 대자연에 존재하는 모든 만물과 사물의 천지인의 이치와 음양의 이치로 훈민정음 한글 중성으로 모음의 ㅜ와 ㅓ의 문자와 소리는 양인 하늘의 `ㆍ`와 음인 땅의 ㅡ와 중성자인 사람의 ｜가 음양의 합으로 상합자의 이치로 만나 짝하여 이루어지는 문자와 소리로 음양의 이치로 하늘의 뜻에 따라 땅에 존재하는 모든 만물과 사물이 외음내양(外陰內陽) 외양내음(外陽內陰)의 봄·여름·가을·겨울 사계절의 이치에 의해 발생하는 '때와 장소'의 생활환경 속에서 모든 만물과 사물이 태어나 사람을 만나 하나의 공동체를 이루고 공존공생하며 서로가 생명을 유지하고 존재하는 것을 이루는 이치의 뜻으로 땅속에도 양인 하늘의 `ㆍ`이 존재한다는 이치가 발생하는 뜻의 문자이다.

"ㅛ여 ㅗ동이기어ㅣ ㅑ여 ㅏ동이기어ㅣ ㅠ여 ㅜ동이기어ㅣ ㅕ여 ㅓ동이기어ㅣ(ㅛ與 ㅗ同而起於ㅣ ㅑ與 ㅏ同而起於ㅣ ㅠ與 ㅜ同而起於ㅣ ㅕ與 ㅓ於同而起於ㅣ)"

"ㅛ는 ㅗ와 한가지로 똑같이 ｜에서 일어나고 ㅑ는 ㅏ와 한가지로 똑같이 ｜에서 일어나고 ㅠ는 ㅜ와 한가지로 똑같이 ｜에서 일어나고 ㅕ는 ㅓ와 한가지로 똑같이 ｜에서 일어난다."

위 내용은 대우주와 대자연에 존재하는 모든 만물과 사물의 천

지인의 이치와 음양의 이치로 양 하늘(天)의 ·와 음 땅(地)의 ㅡ와 중성자 사람(人)의 ㅣ가 음양의 합으로 상합자의 이치로 만나 짝하여 이루어지는 훈민정음 한글 중성으로 모음의 ㅛㅗㅑㅏㅠㅜㅕㅓ의 문자와 소리는 만물과 사물의 가장 대표적인 초목이 기름진 땅에 새싹을 돋우고 튼튼하게 성장하여 무성해 꽃이 피고 열매가 달려 사람을 만나 풍성하게 결실을 이루고 생명을 유지하고 존재하는 이치가 발생하는 뜻의 문자이다.

"ㅗㅏㅜㅓ시어천지 위초출야 ㅛㅑㅠㅕ기어 ㅣ이겸호인 위재출야(ㅗ ㅏㅜㅓ始於天地 爲初出也 ㅛㅑㅠㅕ起於 ㅣ而兼乎人 爲再出也)**"**

"ㅏㅗㅜㅓ는 처음으로 하늘과 땅이 최초로 나타나는 것이 되고 ㅛㅑㅠㅕ는 ㅣ에서 일어나 사람과 아울러 재차 두 번째로 나타나는 것이다."

위 내용은 대우주와 대자연에 존재하는 모든 만물과 사물의 천지인의 이치와 음양의 이치로 훈민정음 한글 중성으로 모음의 ㅗㅏㅜㅓ의 문자와 소리는 하늘과 땅에 처음으로 나타나는 이치로 이세상에 음양의 하늘과 땅에 하루의 밤낮과 봄·여름·가을·겨울 사계절의 때와 장소의 생활환경에 만물과 사물의 가장 대표적인 초목이 최초로 새싹이 태어나 생명을 유지하고 존재하는 이치의 문자이며 또 ㅛㅑㅠㅕ는 하늘과 땅에 하루의 밤낮과 봄·여름·가을·겨울 사계절의 때와 장소에 만물과 사물의 가장 대표적인 초목이 최초로 새싹이 태어나 튼튼하게 성장하여 무성하여 꽃이 피고 열매를 맺어 사람을 만나 그 열매의 씨앗을 풍성하게 결실하는 것을 이루는 이치가 발생한다는 뜻의 문자이다.

"ㅗㅏㅜㅓ지―기원자 취기초생지의야 ㅛㅑㅠㅕ지이기원자 취기재생지의야(ㅗㅏㅜㅓ之―其圓者 取其初生之義也 ㅛㅑㅠㅕ之二其圓者 取其再生之義也)"

"ㅗㅏㅜㅓ는 하나의 둥근 자를 고른 것은 처음으로 올바르게 태어나는 뜻이며 ㅛㅑㅠㅕ는 2개의 둥근 자를 고른 것은 재차 두 번째로 올바르게 태어나는 것을 뜻한다."

위 내용은 대우주와 대자연에 존재하는 모든 만물과 사물의 천지인의 이치와 음양의 이치로 훈민정음 한글 중성으로 모음의 ㅗㅏㅜㅓ의 문자와 소리는 만물과 사물의 가장 대표적인 초목이 하나의 둥근 원으로 양인 하늘의 둥근 뜨거운 태양을 만나 음양의 조화와 균형을 이루고 중화를 이루는 이치이며 또 ㅛㅑㅠㅕ의 문자와 소리는 만물과 사물의 가장 대표적인 초목이 양인 하늘의 둥근 뜨거운 태양의 따뜻한 빛과 열기와 음의 둥근 지구의 양지바른 땅에서 처음으로 발아되어 새싹을 돋우고 튼튼하게 성장하여 꽃이 피고 열매를 맺어 사람을 만나 그 열매의 씨앗을 풍성하게 결실을 이루는 이치가 발생하는 뜻의 문자이다.

"ㅗㅏㅛㅑ지원거상여외자 이기출어천이위양야 ㅜㅓㅠㅕ지원거하여내자 이기출어지이위음야(ㅗㅏㅛㅑ之圓居上與外者 以其出於天而爲陽也 ㅜㅓㅠㅕ之圓居下與內者 以其出於地而爲陰也)"

"ㅗㅏㅛㅑ는 둥근 원이 위쪽과 밖에 차지하고 있는 자로 이것은 하늘에서 나타나 양이 되고 ㅜㅓㅠㅕ는 둥근 원이 아래쪽이나 안쪽에 차지하고 있는 자로 이것은 땅에서 나타나 음이 된다."

위 내용은 대우주와 대자연에 존재하는 모든 만물과 사물의 천지인의 이치와 음양의 이치로 훈민정음 한글 중성으로 모음의 ㅗㅏㅛㅑ의 문자와 소리는 만물과 사물의 대표적인 초목이 양인 하늘의 뜻에 따라 둥근 태양의 따뜻한 열기와 빛에 의해 발아되어 성장하여 풍성하게 결실하는 이치이며 또 ㅜㅓㅠㅕ의 문자와 소리는 만물과 사물의 가장 대표적인 초목이 음인 둥근 양지바른 땅에서 뿌리를 내리고 완전하게 성장하여 무성하여 꽃이 피고 열매를 맺어 사람에 의해 그 열매의 씨앗을 풍성하게 결실하는 이치이며 또한 천간(天干)과 지지(地支)의 음양오행의 이치로 양인 하늘의 천간(天干)과 음인 땅의 지지(地支)와 양인 땅속의 지장간(地藏干)이 존재하여 봄·여름·가을·겨울 사계절의 때와 장소의 생활환경이 외음내양(外陰內陽) 외양내음(外陽內陰)의 이치가 발생하여 땅위는 차지만 땅속은 뜨겁고 땅위는 뜨겁지만 땅속은 차가운 음양의 이치가 발생하는 생활환경에 모든 만물과 사물이 각각 그 생활환경에 순응하며 각각 생명을 유지하고 존재하는 이치가 발생하는 뜻의 문자이다.

"ㆍ지관어팔성자 유양지통음이주류만물야 ㅛㅑㅠㅕ지개겸호인자 이인위만물지영이능삼양의야 취상어천지인이삼재지도비의(ㆍ之貫於八聲者 猶陽之統陰而周流萬物也 ㅛㅑㅠㅕ之皆兼乎人者 以人爲萬物之靈而能參

兩義也 取象於天地人而三才之道備矣)"

"ㆍ은 8소리에 꿰어가듯이 착용하여 이어가는 자로 마치 양의 큰 줄기가 음의 만물과 사물에 물이 흐르듯이 골고루 미치는 이치이며 'ㅛㅑㅠㅕ'는 모두가 사람이 자기 역할 이외의 일하는 자로 사람이 만물의 영장이 되어 능히 음양의 이치에 올바르게 참여하는 천지인의 모양과 그림을 골라 사람이 가장 뛰어난 근본으로 재주와 재능과 도리를 갖추게 된다."

위 내용은 대우주의 대자연에 존재하는 모든 만물과 사물의 천지인의 이치와 음양의 이치로 훈민정음 한글 초성·중성·종성으로 자음에 해당하는 하늘의 둥근 모양의 양에 해당하는 ㆍ의 문자와 소리가 중성으로 모음의 ㅗㅏㅜㅓ ㅛㅑㅠㅕ 8개의 문자와 소리에 음양의 합으로 상합자의 이치로 만나 짝하여 발생하는 이치로 이것은 만물과 사물의 가장 대표적인 초목이 양인 둥근 하늘의 뜻에 의해 음인 둥근 땅에서 씨앗이 발아되어 새싹을 돋우고 완전하게 성장하고 무성하여 꽃이 피어 열매를 맺어 사람에 의해 튼튼한 열매의 씨앗을 풍성하게 결실하여 생명을 유지하고 존재하는 모든 것을 양의 하늘이 직접 주재(主宰)하여 발생하는 이치이며 또 ㅛㅑㅠㅕ의 문자와 소리는 사람이 만물의 영장으로 음양의 이치로 하늘과 땅에 하루의 밤낮과 봄·여름·가을·겨울 사계절의 이치에 의해 발생하는 생활환경에 참여하고 적응하여 생명을 유지하고 존재하는 이치에 따라라 가장 뛰어난 근본의 재주와 재능과 도리의 모든 것을 갖추고 살아가는 것이 사람이라는 뜻으로 만물과 사물 중에서 가장 똑똑하고 현명한 것이 사람으로 훈민정음 한글 중성으로 모음도 대우주와 대자연에 존재하는 모든 만물과 사물의 천지인의 이치를 응용하여 형상화하여 만들었다는 것을 증명하는 것을 뜻하는 내용으로 훈민정음 한글 중성으로 모음에도 음양의 이치에 의해 목화토금수 오행의 기운이 발생하여 존재한다는 뜻이다.

"삼재위만물지선이천우위삼재지시 유 ㆍ一ㅣ삼자위팔성지수이ㆍ우위삼자지관야(然三才爲萬物之先而天又爲三才之始 猶 ㆍ一ㅣ三字爲 八聲之首 而ㆍ又爲三字之冠也)**"**

"그리하여 가장 뛰어난 근본의 재주와 재능과 도리의 첫 번째가 만물과 사물이 되나 하늘이 가장 뛰어난 근본의 재주와 재능과 도리가 최초에 시작하는 것이 되어 마땅히 가장 대표적인 3개의 ㆍ一ㅣ의 문자와 소리가 여덟 가지 문자와 소리의 시초로 우두머리 이며 그중 ㆍ가 3개의 문자와 소리 중에서 가장 으뜸이다."

위 내용은 대우주와 대자연에 존재하는 모든 만물과 사물의 천지인의 이치와 음양의 이치로 훈민정음 한글 중성으로 모음의 가장 대표적인 ㆍ一ㅣ의 문자와 소리는 만물과 사물의 가장 뛰어난 근본의 재능과 재주와 도리를 갖추고 있는 문자와 소리로 이것은 모든 것은 양의 하늘에 의해 가장 뛰어난 근본의 재주와 재능과 도리가 시작되는 것을 이어받아 시작된다는 것을 뜻하는 내용으로 모든 것은 하늘의 뜻에 의해 이루어진다는 뜻으로 ㆍ一ㅣ의 문자가 가장 우두머리가 되는 동시에 하늘의 둥근 태양의 모양과 그림에 해당하는 `의 문자와 소리가 가장 대표자가 된다는 뜻으로 대우주와 대자연에 존재하는 모든 만물과 사물의 생사가 좌우되는 것은 양의 하늘의 주재(主宰)에 의해 결정된다는 이치가 발생하는 뜻이다.

다음은 훈민정음 한글 중성으로 모음이 8개의 문자와 소리가 대우주와 대자연에 존재하는 모든 만물과 사물의 천지인의 이치와 음양오행의 이치와 방향의 이치와 숫자의 이치에 의해 자체적으로 보유한 음양오행의 기운이 발생하는 이치에 대한 기록으로 훈민정음 한글을 응용할 때 반드시 이 내용을 기준하여 정확하게 응용하여야 한다는 것을 명심해야 한다.

"ㅗ초생어천 천일생수지위야(ㅗ初生於天 天一生水之位也)**"**

"ㅗ는 하늘에서 처음으로 태어나는 문자와 소리로 하늘에서 1의 숫자와 물(水)이 태어나는 자리다."

위 내용은 대우주와 대자연에 존재하는 모든 만물과 사물의 천지인의 이치와 음양의 이치로 훈민정음 한글 중성으로 모음의 ㅗ는 양의 하늘에서 처음으로 태어나는 문자와 소리로 하늘에서 처음으로 1의 숫자와 음의 물(水)이 태어나는 자리로 음양오행의 이치로 1의 숫자와 물(水)은 음으로 북쪽에 해당한다는 뜻으로 물(水)은 만물과 사물이 생명을 유지하고 존재하는 뿌리가 되는 동시에 사계절의 이치로 만물과 사물의 가장 대표적인 초목이 물(水)에 의해 水生木의 이치로 태어나 성장하여 꽃이 피어 수확한 단단한 열매의 씨앗이 추운 겨울에 만물의 핵인 씨앗이나 뿌리의 생명을 강한 추위로 동결시켜 수장하고 보호하였다가 새로운 생명이 잉태되어 새봄에 발아되어 새롭게 태어나는 이치로 가장 맑고 깨끗하고 선명한 물(水)이 발생한다는 뜻으로 음양오행의 이치로 물이 水에 해당한다는 뜻이다.

"ㅏ차지 천삼생목지위야(ㅏ次之 天三生木之位也)**"**

"ㅏ는 하늘에서 그 뒤를 이어 두 번째로 태어나는 문자와 소리로 하늘에서 3의 숫자와 나무(木)가 태어나는 자리다."

위 내용은 대우주와 대자연에 존재하는 모든 만물과 사물의 천지인의 이치와 음양의 이치로 훈민정음 한글 중성으로 모음의 ㅏ는 순서에 의해 양의 하늘에서 물(水)의 뒤를 이어 태어나는 문자와 소리로 3의 숫자와 양의 나무로 木이 태어나는 자리로 음양오행의 이치로 3의 숫자와 나무의 木은 동쪽에 해당한다는 뜻으로 나무(木)가 만물과 사물의 가장 대표적인 초목으로 水生木의 이치에 의해 태어난 초목의 나무(木)가 木生火의 이치로 따뜻하고 포근한 새봄에 발아되어 새로운 생명의 푸른 초목의 새싹이 돋아나 튼튼하게 뼈대와 줄기를 갖추고 성장하는 이치로 가장 맑고 깨끗하고 선명한 木이 발생한다는 뜻으로 음양오행의 이치로 나무(木)에 해당한다는 뜻이다.

"ㅜ초생어지 지이생화지위야(ㅜ初生於地 地二生火之位也)**"**

"ㅜ는 땅에서 처음으로 태어나는 문자와 소리로 땅에서 2의 숫자와 불(火)이 태어나는 자리다."

위 내용은 대우주와 대자연에 존재하는 모든 만물과 사물의 천지인의 이치와 음양의 이치로 훈민정음 한글 중성으로 모음의 ㅜ는 음의 땅에서 처음으로 태어나는 문자와 소리로 땅에서 처음으로 2의 숫자와 양의 불로 火가 태어나는 자리로 음양오행의 이치로 2의 숫자와 불로 火가 남쪽에 해당한다는 뜻으로 만물과 사물의 가장 대표적인 초목이 水生木 木生火의 이치로 뜨거운 여름에 튼튼하게 성장하여 火生土의 이치로 무더운 삼복더위에 초목이 무성하여 꽃이 활짝 피어 결실하기 위해 준비를 끝마치는 이치로 가장 맑고 깨끗하고 선명한 火가 발생한다는 뜻으로 음양오행의 이치로 불(火)에 해당한다는 뜻이다.

"ㅓ차지 지사생금지위야(ㅓ次之 地四生金之位也)"

"ㅓ는 땅에서 그 뒤를 이어 태어나는 문자와 소리로 땅에서 4의 숫자와 쇠(金)가 태어나는 자리다."

위 내용은 대우주와 대자연에 존재하는 모든 만물과 사물의 천지인의 이치와 음양의 이치로 훈민정음 한글 중성으로 모음의 ㅓ는 순서에 의해 음의 땅에서 하늘의 불인 火의 뒤를 이어 태어나는 문자와 소리로 땅에서 4의 숫자와 쇠의 金이 태어나는 자리로 음양오행의 이치로 4의 숫자와 쇠의 金이 서쪽에 해당한다는 뜻으로 만물과 사물의 가장 대표적인 초목이 水生木 木生火 火生土의 이치에 의해 완전하게 성장하여 꽃이 활짝 피어 씨앗의 열매가 서늘하나 쾌청하고 맑은 가을에 土生金의 이치로 그 씨앗이 단단하고 튼튼하게 익어 풍성하게 결실하는 이치로 가장 맑고 깨끗하고 선명한 金이 발생한다는 뜻으로 음양오행의 이치로 쇠(金)에 해당한다는 뜻이다.

"ㅛ재생어천 천칠성화지수야(ㅛ再生於天 天七成火之數也)**"**

"ㅛ는 하늘에서 두 번째로 태어나는 문자와 소리로 하늘에서 7의 숫자와 불(火)을 이루고 정해진다."

위 내용은 대우주와 대자연에 존재하는 모든 만물과 사물의 천지인의 이치와 음양의 이치로 훈민정음 한글 중성으로 모음의 ㅛ는 양의 하늘에서 두 번째로 태어나는 문자와 소리로 하늘에서 거듭 7의 숫자와 불(火)을 완전하게 이루고 정해지는 음양오행의 이치로 7의 숫자와 불(火)은 뜨거운 남쪽에 해당한다는 이치로 만물과 사물의 가장 대표적인 나무(木)의 초목이 木生火의 이치로 뜨거운 태양의 빛과 열기에 의해 튼튼한 뼈대와 줄기를 갖추고 완전히 성장하는 이치와 모든 사람이나 동식물이 왕성하게 활동을 시작하는 이치로 가장 맑고 깨끗하고 선명한 火가 발생한다는 뜻으로 음양오행의 이치로 불(火)에 해당한다는 뜻이다.

"ㅑ차지 천구성금지수야(ㅑ次之 天九成金之數也)**"**

"ㅑ는 그 뒤를 이어 태어나는 문자와 소리로 하늘에서 9의 숫자와 쇠(金)를 이루고 정해진다."

위 내용은 대우주와 대자연에 존재하는 모든 만물과 사물의 천지인의 이치와 음양의 이치로 훈민정음 한글 중성으로 모음의 ㅑ는 양의 하늘에서 불(火)의 뒤를 이어 9의 숫자와 쇠(金)를 완전하게 이루고 정해지는 음양오행의 이치로 9의 숫자와 쇠(金)가 서늘한 서쪽에 해당한다는 이치로 만물과 사물의 가장 대표적인 나무(木)의 초목이 차고 서늘한 냉기의 가을에 土生金의 이치로 열매의 씨앗이 완전히 단단하게 익어 오곡백과를 풍성하게 결실을 마치고 난 후에 차가운 흰 서리에 의해 오색단풍으로 물들어 누렇게 말라 죽는 이치로 가장 맑고 깨끗하고 선명한 金이 발생한다는 뜻으로 음양오행의 이치로 쇠(金)에 해당한다는 뜻이다.

"ㅠ재생어지 지육성수지수야(ㅠ再生於地 地六成水之數也)**"**

"ㅠ는 땅에서 두 번째로 태어나는 문자와 소리로 땅에서 6의 숫자와 물(水)을 이루고 정해진다."

위 내용은 대우주와 대자연에 존재하는 모든 만물과 사물의 천지인의 이치와 음양의 이치로 훈민정음 한글 중성으로 모음의 ㅠ는 음의 땅에서 두 번째로 태어나는 문자와 소리로 땅에서 재차 6의 숫자와 물(水)이 완전하게 이루고 정해지는 음양오행의 이치로 6의 숫자와 물(水)은 추운 북쪽에 해당한다는 이치로 만물과 사물의 가장 대표적인 초목이 가을에 오곡백과를 풍성하게 결실을 마친 후에 초목의 핵인 씨앗이나 뿌리의 생명을 金生水의 이치로 추운 겨울에 춥고 얼어 동결시켜 물(水)에 의해 완벽하게 생명을 수장하고 보호하는 이치로 가장 맑고 깨끗하고 선명한 水가 발생한다는 뜻으로 음양오행의 이치로 물(水)에 해당한다는 뜻이다.

"ㅕ차지 지팔성목지수야(ㅕ次之 地八成木之數也)**"**

"ㅕ는 그 뒤를 이어 땅에서 8의 숫자와 나무(木)를 이루고 정해진다."

위 내용은 대우주와 대자연에 존재하는 모든 만물과 사물의 천지인의 이치와 음양의 이치로 훈민정음 한글 중성으로 모음의 ㅕ는 음의 땅에서 그 뒤를 이어 태어나는 문자와 소리로 땅에서 재차 8의 숫자와 나무(木)를 이루고 정해지는 음양오행의 이치로 8의 숫자와 나무(木)는 따뜻하고 포근한 동쪽에 해당한다는 이치로 만물과 사물의 가장 대표적인 초목의 핵인 씨앗이나 뿌리의 생명이 추운 겨울에 생명을 유지하였다가 水生木의 이치로 따뜻하고 포근한 새봄에 발아되어 새로운 생명이 완전하게 푸른 새싹이 돋아 울창하게 나타나는 이치로 가장 맑고 깨끗한 木이 발생한다는 뜻으로 음양오행의 이치로 나무(木)가 발생한다는 뜻이다.

"수화미이호기 음양교합지초 고합 목금음양지정질 고벽(水火未離乎氣 陰陽交合之初 故闔 木金陰陽之定質 故闢)**"**

"물과 불의 水火의 기운이 본래 헤어져 있는 것이 아니라 처음부터 음양이 서로 만나 합하여 맺어 간직하여 음양이 서로가 만나 조화와 균형을 이루고 중화를 이루고 있는 것이며 나무와 쇠의 木金의 바탕과 성질도 본래 음양으로 정해져 서로가 피하고 멀리하나 서로가 음양의 조화와 균형을 이루고 중화를 이룬다."

위 내용은 대우주와 대자연에 존재하는 모든 만물과 사물의 천지인의 이치와 음양의 이치로 물과 불의 음양의 水火는 서로가 앙숙으로 헤어져 있지만 헤어져 있는 것이 아니라 처음부터 서로가 조화와 균형을 이루고 중화를 이루고 존재한다는 이치로 이것이 수화기제(水火旣濟)의 이치로 음양이 서로가 만나 조화와 균형을 이루고 중화를 이루는 이치이며 나무와 쇠도 음양의 이치로 木金도 서로가 앙숙이지만 나무(木)는 연약하고 부드럽고 순하나 쇠(金)는 강하고 단단하고 날카롭게 그 바탕과 성질이 정해져 서로가 앙숙으로 피하고 멀리하지만 서로가 만나면 음양의 조화와 균형을 이루고 중화를 이루고 존재한다는 이치로 모든 만물과 사물의 이치로 사계절의 이치로는 겨울, 여름은 水火의 조화이며 봄, 가을은 木金의 조화가 음양의 조화이며 사물의 이치로는 水火는 물과 불이며 金木은 양식이며 기물(器物)로 서로가 조화를 이루고 존재하는 이치로 이 세상에 존재하는 모든 만물과 사물은 음양의 이치로 서로가 조화와 균형을 이루고 중화를 이루면서 파생되어 수많은 물류가 목화토금수 오행의 기와 질의 성품을 갖추고 이루어져 각각 생명을 유지하고 존재한다는 뜻이다.

"·천오생토지위야 —지십성토지수야(·天五生土之位也 —地十成土之 數也)**"**

"·는 하늘에서 5의 숫자와 흙(土)이 태어나는 자리이며 —는 땅에서 10의 숫자와 흙(土)을 이루고 정해진다."

위 내용은 대우주와 대자연에 존재하는 모든 만물과 사물의 천지인의 이치와 음양의 이치로 훈민정음 한글 중성으로 모음의 ㆍ와 ㅡ는 양의 하늘과 음의 땅에서 태어나는 문자와 소리로 ㆍ는 하늘에서 5의 숫자와 땅(土)이 태어나는 자리이며 ㅡ는 땅에서 10의 숫자와 흙(土)을 완전하게 이루고 정해지는 음양오행의 이치로 5, 10의 숫자와 흙(土)은 중성자로 중앙에 해당하여 흙(土)이며 사계절의 이치로 무더운 삼복더위의 긴 여름에 해당하여 만물과 사물의 가장 대표적인 초목이 水生木 木生火 火生土의 이치로 튼튼하게 성장하여 가장 무성하여 土生金의 이치로 무더운 삼복더위의 양지바른 땅에서 꽃이 활짝 피어 서늘한 가을에 단단하고 튼튼한 열매의 씨앗을 맺어 풍성하게 결실하기 위한 준비를 마치는 이치이며 또한 푸르고 아름다운 금수강산의 보고(寶庫)를 이루는 동시에 방향의 이치로 중앙으로 중성자로서 조화와 균형을 이루고 중화를 이루는 이치로 봄·여름·가을·겨울 사계절의 이치로 중앙에 위치하여 계절과 계절을 이어주는 임무를 수행하고 양질의 땅에서 초목이 성장하여 오곡백과를 풍성하게 결실하는 임무와 만물의 핵의 씨앗을 외음내양 외양내음의 이치로 품어 저장하고 보호하는 이치와 모든 만물과 사물이 죽어 땅에 묻어 중화시키는 이치로 가장 맑고 깨끗하고 선명한 土가 발생한다는 뜻으로 음양오행의 이치로 흙(土)에 해당한다는 뜻이다.

"ㅣ독무위수자 개이인칙무극지진 이오지정 묘합이응 고미가이정

위성수논야 시칙중성지중 역자유음양오행방위지수야(ㅣ獨無位數者
蓋以人則無極之眞 二五之精 妙合而凝 固未可以定位成數論也 是則中聲之中 亦
自有陰陽五行方位之數也)"

"ㅣ는 홀로 숫자와 자리가 이루고 정해지는 것이 없는 자로 이것
은 모든 사람의 변하지 않는 참됨은 끝이 없는 것이 원칙으로 음양
오행의 정기(精氣)가 묘하게 모여 엉기어 굳이 정해진 숫자와 자리
를 이루고 정해지는 사물의 이치를 헤아려 밝히고 말하는 것이 옳
은 것이 아니며 또한 훈민정음 한글 중성으로 모음은 스스로 음양
오행의 이치와 동서남북 방향의 위치와 1234567890 숫자의 이치
가 존재한다."

위 내용은 대우주와 대자연에 존재하는 모든 만물과 사물의 천
지인의 이치와 음양의 이치로 훈민정음 한글 중성으로 모음인 ㅣ의
문자와 소리는 모든 만물과 사물의 이치로 사람이 소우주의 이치
로 태어나 변하지 않는 참된 음양오행의 기와 질의 성품의 정기(精
氣)를 모두 갖추고 생명을 유지하고 존재하며 각종 사물을 만나 하
나의 공동체를 이루고 살아가는 이치로 사람을 음양오행이나 방향
이나 숫자의 이치에 대해 말하거나 헤아리거나 밝히는 것이 아니
라 기록하여 유일하게 훈민정음 한글 중성으로 모음인 ㅣ의 문자와
소리만이 음양오행이나 방향이나 숫자가 존재하지 않는 것이 법칙
으로 중성자에 해당하는 문자와 소리로 지정하여 가장 많이 쓰이
는 문자와 소리가 되는 동시에 훈민정음 한글 중성으로 모음은 올

바르고 정확하게 스스로 음양오행의 이치나 방향의 이치나 숫자의 이치를 보유하고 있다는 뜻으로 훈민정음 한글을 읽고 말하고 쓰고 기록하는 경우에는 반드시 음양오행의 기운이 발생한다는 것을 뜻하는 아주 중요한 내용으로 훈민정음 한글 초성·중성·종성으로 자음과 모음에는 반드시 가장 맑고 깨끗하고 선명한 음양오행의 기운이 존재하여 자체적으로 보유한 음양오행의 생극제화 상생상극의 이치에 따라 기운작용과 영향이 발생한다는 뜻으로 우리는 모든 분야에 이 내용을 기준하여 한글을 정확하게 응용하여야 한다는 뜻이다.

"이초성대중성이언지 음양 천도야 강유지도야(以初聲對中聲而言之 陰陽 天道也 剛柔 地道也)**"**

"훈민정음 한글 초성으로 자음과 중성으로 모음을 대비하여 말하면 음양의 이치로 밝고 어두운 것은 하늘의 도리이고 이치이며 굳세면서 약하고 부드러우며 순종하는 것은 땅의 도리이며 이치다."

위 내용은 대우주와 대자연에 존재하는 모든 만물과 사물의 천지인의 이치와 음양의 이치로 훈민정음 한글 초성으로 자음과 중성으로 모음은 음양의 이치로 대비하여 초성으로 자음은 양에 해당하며 중성으로 모음은 음에 해당한다는 뜻으로 각각 음양의 기와 질의 성품을 소유하고 있어 훈민정음 한글은 서로가 음양의 합으로 상합자의 이치로 만나 짝하여 하나의 완성된 문자와 소리가 발생하는 이치에 따라 그 문자와 소리를 사람이 쓰고 읽고 말하는 경우에 음양의 이치로 파생되어 수없이 많은 문자와 소리의 글귀가 발생하여 모든 사람이 소유한 꿈과 이상의 목표를 달성하는 이치가 처음에 시작하는 양의 초성으로 자음과 중간에 만나고 끝을 이루는 음의 중성으로 모음이 음양의 이치로 만나 짝하여 이루어지는 이치다. 이것은 대우주와 대자연에 존재하는 모든 만물과 사물의 이치로 음양의 하늘과 땅, 하루의 밤낮, 水火, 金木, 남녀, 암수, 크고, 작은 것으로 구성되어 음양이 서로가 조화와 균형을 이루고 중화를 이루기 위해 정해진 생왕묘의 이치에 따라 각각 태어나 성장하고 소멸하는 이치와 동일하며 또 하루의 밤낮이 발생하면서 대우주와 대자연에 존재하는 모든 만물과 사물의 끝없는 무한세계가 펼쳐지는 이치가 양의 하늘의 기운인 천간(天干)의 주재(主宰)에 의해 이루어진다는 이치다. 음의 땅에서는 하늘의 기운인 천간(天干)의 기운에 따르고 복종하고 순응하면서 강하고 부드럽게 받아들여 우리가 살아가는 때와 장소의 생활환경이 발생한다는 이치로 지지(地支)의 모든 음양오행의 기운은 천간(天干)에 의해 작용한다는 것을 의미하는 뜻으로 음양의 이치는 양의 하늘은 맑고 밝고 깨끗하고 음의 땅은 탁하고 흐리고 지저분하며 음의 밤은 어둡고 양의 낮은 밝은 것이 법칙이며 양의 봄, 여름은 따뜻하고 덥고 음의 가을, 겨울은 서늘하고 춥고, 양의 남자는 겉은 강하나 속은 약하고, 음의 여자는 겉은 약하나 속은 강하고, 양의 불은 뜨겁고 밝고 음의 물은 차고 어둡다는 이치가 바로 음양의 이치의 법칙이라는 뜻으로 훈민정음 한글은 음양의 이치를 존중하여 만들어진 문자와 소리라는 뜻이다.

"중성자 ―심 ―천 ―합 ―벽 시칙음양분이오행지기구언 천지 용야 초성자 혹허 혹실 혹양 혹체 혹중 혹경 시칙강유저이오행지 질성언 지지공야(中聲者 ―深 ―淺 ―闔 ―闢 是則陰陽分而五行之氣具焉 天之用也 初聲者 或虛 或實 或颺 或滯 或重 或輕 是則剛柔著而五行之質成焉 地之功也)**"**

"중성으로 모음은 하나는 깊고, 하나는 얕고, 하나는 열고, 하나는 닫는 음양의 이치로 구분되어 구성되는 것이 법칙으로 음양오행의 기와 질의 성품을 올바르게 갖추고 하늘에서 직접 주재(主宰)하여 다스리고 베풀어 쓰는 것이며 초성으로 자음은 혹은 비어 있고, 혹은 가득 차 있고, 혹은 날아가고, 혹은 막혀 있고, 혹은 무겁고, 혹은 가벼운 것이 법칙으로 이것은 분명하게 굳세고 부드러운 목화토금수 오행의 기와 질의 성품을 이루는 것은 땅의 공이다."

위 내용은 대우주와 대자연에 존재하는 모든 만물과 사물의 천지인의 이치와 음양의 이치로 훈민정음 한글 초성으로 자음과 중성으로 모음이 음양의 이치에 의해 음양오행의 기와 질의 성품을 올바르게 갖추고 있으면서 문자와 소리가 발생하는 이치가 하늘의 뜻에 의해 필요에 따라 직접 주재(主宰)하여 베풀어 쓰여 이루어지는 이치로 이것은 훈민정음 한글 초성으로 자음에 의해 모든 문자나 소리가 발생한다는 뜻이며 초성으로 자음도 음양의 이치로 비고 차고 날고 막히고 무겁고 가벼운 것으로 구분되는 이치가 땅에서 모든 만물과 사물이 각각 목화토금수 오행의 기운, 성품, 성질, 성향, 유형을 모두 갖추고 존재하는 사람이나 동식물이나 각종 물류가 각각 새로운 생명을 갖추고 정해진 생왕묘의 이치에 따라 태어나 살아가다가 소멸하는 일들이 발생하는 이치가 양의 하늘의 기운인 천간(天干)의 하늘의 주재(主宰)에 따라 땅의 기운인 지지(地支)가 순환상생의 이치에 따라 땅에 음양의 이치로 하루의 밤낮이나 봄·여름·가을·겨울 사계절 24절기가 발생하는 때와 장소의 생활환경에 적응하고 순응하면서 모든 생명체가 하나의 공동체를 이루고 서로가 공존공생하는 생활환경을 이루고 각각 생명을 유지하고 존재한다는 이치로 훈민정음 한글 초성으로 자음과 중성으로 모음의 문자와 소리에도 각각 음양의 이치에 따라 목화토금수의 기운이 발생한다는 뜻이다.

"중성이심천합벽창지어전 초성이오음청탁화지어후 이위초역위종역가견만물초생어지 복귀어지야(中聲以深淺闔闢唱之於前 初聲以五音淸濁和之於後 而爲初亦爲終 亦可見萬物初生於地 復歸於地也)**"**

"중성으로 모음이 깊고 얕고 닫고 열어 앞에서 부르면 초성으로 자음이 맑고 탁한 오음(五音)의 궁상각치우 소리에 서로가 응하여 화답하여 뒤쪽에 위치하는 것이 되어 초성으로 자음이 마지막소리의 종성이 되는 것 역시 땅에서 만물과 사물이 최초에 태어나는 것을 옳게 보기 위해 다시 땅으로 돌아가다."

위 내용은 대우주와 대자연에 존재하는 모든 만물과 사물의 천지인의 이치와 음양의 이치로 훈민정음 한글 초성으로 자음과 중성으로 모음이 음양의 합으로 상합자의 이치로 만나 짝하고 다시 중성으로 모음이 초성으로 자음을 불러 음양의 이치로 만나 짝하여 완성된 문자와 소리가 음양의 이치로 파생되어 다섯 가지 궁상각치우의 맑고 탁한 소리가 발생한다는 뜻으로 초성으로 자음이 종성으로 종음(終音)의 종성이 된다는 뜻으로 초성으로 자음이 종성으로 자음이 종음을 만드는 이치가 바로 대우주와 대자연에 존재하는 모든 만물과 사물의 음양오행의 이치로 땅속에 하늘의 기운 양의 천간(天干)인 지장간(地藏干)이 존재하여 양의 하늘의 천간(天干)의 뜻에 따라 음의 지지(地支)의 땅에 봄·여름·가을·겨울 사계절 24절기의 생활환경이 양의 지장간(地藏干)의 작용과 영향에 따라 끊임없이 순환상생의 이치에 따라 발생하는 이치가 바로 만물과 사물의 가장 대표적인 초목이 새봄에 새싹을 돋우고 여름에 성장하여 긴 여름에 꽃이 피고 가을에 풍성하게 수확한 튼튼한 씨앗을 추운 겨울에 동결시켜 땅속에 튼튼한 열매의 생명을 수장하고 보호하였다가 다시 새봄에 태어나는 것을 반복하는 생왕묘의 이치에 따라 사람이나 동물도 태어나 정해진 생왕묘의 이치에 따라 살다 죽어 땅속으로 돌아가지만 또 다른 새로운 생명이 태어나 존재한다는 이치와 똑같다는 뜻으로 훈민정음 한글은 초성·중성·종성으로 자음과 모음으로 구성되어 수없이 많은 무한대의 문자와 소리가 발생한다는 뜻이다.

"이초중종합성지자언지 역유동정호근음양교변지의언(以初中終合成之字言之 亦有動靜互根陰陽交變之義焉)**"**

"훈민정음 한글 초성·중성·종성으로 자음과 모음이 합하여 만나 문자를 이루는 것에 대해 말하면 모두가 음양의 이치로 크게 맑고 고요하게 움직이는 것이 존재하여 서로가 그 근본에 따라 음양이 만나 변화되는 뜻이 여기에 있다."

위 내용은 대우주와 대자연에 존재하는 모든 만물과 사물의 천지인의 이치와 음양의 이치로 훈민정음 한글 초성·중성·종성으로 자음과 모음이 음양의 합으로 상합자의 이치로 서로가 만나 짝하여 완성된 하나의 훈민정음 한글 문자와 소리를 이루는 이치가 대우주와 대자연에 존재하는 모든 만물과 사물의 천지인의 이치와 음양의 이치로 가장 근본이 되는 하늘과 땅의 맑고 고요한 큰 움직임을 서로가 함께 주고받으면서 옳고 바르게 변화되어 끊임없이 하루의 밤낮과 봄·여름·가을·겨울 사계절 24절기가 존재하는 이치에 따라 모든 만물과 사물의 각종 사람이나 동식물은 각각 그 생활환경의 때와 장소에 적응하고 순응하면서 생명을 유지한다.

"동자 천야 정자 지야 겸호동정지인야 개오행재천칙신지운야 재지칙질지성야 재인칙인예신의지신지운야 간심비폐신질지성야(動者天也 靜者 地也 兼互動靜之人也 盖五行在天則神之運也 在地則質之成也 在人則仁禮信義智神之運也 肝心脾肺腎質之成也)**"**

"크게 움직이고 활동하는 것은 하늘이고 크게 조용하고 고요한 것은 땅으로 아울러 서로가 크고 맑고 고요하게 움직이고 활동하는 것이 사람으로, 대개 음양오행은 하늘에 존재하는 것이 법칙으로 불가사의하게 돌고 도는 것에 따라 땅에서는 꾸미지 않는 바탕과 성품을 이루고 존재하는 것이 법칙으로 사람도 인정 예의 신용 의리 지혜의 정신이나 혼이 돌고 돌아 신체의 간장, 심장, 위장, 폐장, 신장이 바탕과 성품을 이루고 생명을 유지하고 존재하는 법칙이다."

위 내용은 대우주와 대자연에 존재하는 모든 만물과 사물의 천지인의 이치와 음양의 이치로 하늘과 땅의 크고 맑게 움직이고 활동하는 근본에 따라 발생하는 음양오행의 기와 질의 성품에 따라 사람도 그 기와 질의 성품을 갖추고 땅에서 봄·여름·가을·겨울 사계절 24절기에 따라 발생하는 때와 장소의 생활환경이 음양의 이치로 크고 맑고 고요하게 활동하는 작용과 영향에 따라 본연의 꿈과 이상의 목표를 달성하는 이치로 하늘 기운 천간(天干) 음양오행의 기와 질의 성품이 돌고 돌아가면서 땅에서는 그 돌고 도는 음양오행의 기운, 성품, 성질, 성향, 유형의 작용과 영향에 따라 때와 장소의 봄·여름·가을·겨울 사계절 24절기가 발생하여 모든 만물과 사물의 각종 사람이나 동식물이나 물류의 세계가 그 기와 질의 성품에 따라 파생되어 무한대로 형성하여 생명을 유지하고 존재한다는 이치로 결국은 양의 하늘의 기운인 맑고 깨끗한 천간(天干)의 작용과 영향에 따라 땅의 어둡고 탁한 지지(地支)와 맑고 깨끗한 지장간(地藏干)의 작용과 영향에 따라 모든 만물과 사물의 생사가 좌우되는 이치로 사람이 소우주의 이치로 태어나 다섯 가지 목화토금수의 기운, 성품, 성질, 성향, 유형으로 木은 인정(仁情), 火는 예의(禮義), 土는 신용(信用), 金은 의리(義理), 水는 지혜(智慧)와 신체의 오장육부로 木은 간장(肝臟), 火는 심장(心臟), 土는 위장(胃臟), 金은 폐장(肺臟), 水는 신장(腎臟)으로 오행의 바탕과 성질을 이루어 그 오행의 기와 질의 성품이 막힘없이 흐르는 순환상생하는 이치 속에서 사람이 건강을 유지하면서 생명을 유지하고 존재하며 자기의 꿈과 이상의 목표를 이루고 존재하는 이치로 사람도 목화토금수의 기와 질의 성품이 끊어지면 순환상생이 멈춰 결국은 생명을 유지하지 못한다는 뜻이다.

"초성유발동지의 천지사야 종성유지정지의 지지사야 중성승초지생 접종지성 인지사야(初聲有發動之義 天之事也 終聲有止定之義 地之事也 中聲承初之生 接終之成 人之事也)**"**

"초성으로 자음이 옳고 바르게 욕망이나 생각의 움직임이 존재하는 것은 하늘이 하는 일이며 종성으로 자음은 옳고 바르게 멈추고 머무는 것이 정해지는 것은 땅이 하는 일이며 중성으로 모음을 계승하여 초성으로 자음이 태어나 교차하여 종성을 이루는 것은 사람이 하는 일이다."

위 내용은 대우주와 대자연에 존재하는 모든 만물과 사물의 천

지인의 이치와 음양의 이치로 훈민정음 한글 초성·중성·종성으로 자음과 모음이 양의 하늘에 해당하는 초성·종성으로 자음은 모든 만물과 사물의 사람이나 동식물이 보유한 꿈과 이상의 욕망을 소유하고 생각하도록 양의 하늘에서 주재(主宰)하는 업무가 천간(天干)의 기운을 옳고 바르게 끊임없이 활발하게 움직여 모든 만물과 사물의 사람이나 동식물의 길흉화복이나 생왕묘의 이치가 발생하도록 한다는 뜻이다. 음의 땅은 양인 하늘의 그 꿈과 이상의 욕망이나 생각을 이어받는 것이 멈추고 정해지는 것이 존재한다는 뜻으로 땅에서는 온갖 만물과 사물의 각종 사람이나 동식물이나 물류의 세계가 무한대로 펼쳐지지만 정해진 생왕묘의 이치에 따라 멈추고 머물며 성공하고 실패하는 이치가 존재한다는 뜻으로 훈민정음 한글 중성으로 모음은 음으로 양의 초성으로 자음의 꿈과 이상의 욕망과 생각을 이어받아 음양의 합으로 중성과 종성으로 자음인 사람의 집념과 노력에 따라 최종적으로 그 결과가 발생한다는 뜻이다.

"개자운지요 재어중성 초종합이성음 역유천지생성만물 이기재성 보상칙필뢰호인야(盖字韻之要 在於中聲 初終合而成音 亦有天地生成萬物 而其財成輔相則必賴乎人也)**"**

"대개 글자소리의 울림을 맞추기 위한 중요한 요점은 중성으로 모음이 존재하여 초성·중성으로 자음과 합하여 소리를 이루는 것이 마치 하늘과 땅에 만물과 사물이 태어나 생명을 유지하고 존재하는 것을 이루는 것이며 또한 사람에 의지하여 과도한 것을 억제하고 부족한 것을 보충하여 구제하는 것이다."

위 내용은 대우주와 대자연에 존재하는 모든 만물과 사물의 천지인의 이치와 음양의 이치로 훈민정음 한글 초성·중성·종성으로 자음과 모음에 대해 하늘과 땅에 음양의 이치로 봄·여름·가을·겨울 사계절 24절기의 이치에 따라 모든 만물과 사물의 가장 대표적인 초목이 새싹을 돋우고 태어나 튼튼하게 성장하여 단단한 씨앗을 사람에 의지하여 풍성하게 수확하여 하나의 공동체를 이루고 생명을 유지하고 존재한다는 이치와 동일하다는 뜻으로 이것이 하늘과 땅의 도리의 이치(道)와 하늘과 땅의 화목한 도리의 이치(宜)에 의해 사람이 서로가 화목하게 의지하여 너무 많은 것과 부족한 것이 없이 균형을 이루고 생명을 유지하고 존재한다는 이치로 훈민정음 한글 초성·중성·종성으로 자음과 모음이 음양의 합으로 상합자의 이치로 만나 하나의 완성된 문자와 소리가 무한대로 발생하여 사람이 문자와 말로서 뜻을 표현하여 무한대로 꿈과 이상의 목표를 달성한다는 뜻이다.

"종성지 복용초성자 이기동이양자건야 정이음자역건야 건실분음양이무불군재야(終聲之 復用初聲者 以其動而陽者乾也 靜而陰者亦乾也 乾實分陰陽而無不君宰也)**"**

"종성에 초성으로 자음이 다시 돌아오는 것을 쓰는 것은 하늘의 양이 크게 움직이고 활동하는 이치며 음의 땅이 크게 맑고 고요하고 정밀한 것 또한 하늘의 이치로 하늘의 군주가 넉넉하게 나누어 음양으로 구분하여 모든 것을 주재(主宰)하여 다스리지 않는 것이 없다."

위 내용은 대우주와 대자연에 존재하는 모든 만물과 사물의 천지인의 이치와 음양의 이치로 훈민정음 한글 초성·중성·종성으로 자음과 모음의 종성에 초성으로 자음을 다시 쓰는 이치다. 종성으로 자음이 끝나면 다시 초성으로 자음에 의해 다시 시작하는 이치가 양의 하늘의 뜻에 따라 음양의 큰 움직임과 조용함이 어우러져 모든 만물과 사물의 사람이나 동식물이 음양오행의 이치로 파생되어 태어나 정해진 생왕묘의 이치에 따라 생명을 유지하고 존재하는 모든 것을 양인 하늘의 군주의 뜻에 따라 생사가 좌우되는 것이 이루어진다는 이치이며 또한 음양오행의 이치로 하늘의 천간(天干)의 갑을병정무기경신임계(甲乙丙丁戊己庚辛壬癸)의 음양오행으로 구분하여 모든 것을 직접 주재(主宰)하고 다스린다는 이치로 이것이 바로 천간(天干)이 주체가 되어 음양오행의 생극제화 상생상극의 이치에 따라 기운작용과 영향이 발생하여 온 누리에 펼쳐지는 봄·여름·가을·겨울 사계절 24절기 때와 장소의 생활환경에 의해 생명을 소유한 모든 만물과 사물의 사람이나 동식물의 생사가 좌우되는 동시에 생사고락이 결정되어 발생한다는 뜻으로 사람이 살아가는 인간관계의 육친(六親)의 이치로 인수(印綬) 비견, 겁(比肩, 劫) 식신(食神) 상관(傷官) 재성(財星) 관성(官星)이 순환하며 인간세계가 펼쳐지며 사람이 각각 생명을 유지하고 존재하며 온갖 생사고락이 발생한다는 뜻이다.

"일원지기 주류불궁 시시지운 순환무단 고정이복원 동이복춘 초성지복위종 종성지복위초 역차의야(一元之氣 周流不窮 四時之運 循環無端 故貞而復元 冬而復春 初聲之復爲終 終聲之復爲初 亦此義也)**"**

"하나의 근본이 되고 으뜸이 되는 기운이 골고루 흘러 미치지 않는 곳이 없이 봄·여름·가을·겨울 사계절 24절기가 올바르게 돌고 돌아가며 순환하는 것이 끝이 없는 것처럼 본디 그대로 정해지듯이 겨울이 봄으로 다시 돌아오는 것처럼 초성으로 자음이 다시 돌아와 종성으로 자음이 되고 종성으로 자음이 다시 돌아와 초성으로 자음이 되는 이것 역시 옳은 것이다."

위 내용은 대우주와 대자연에 존재하는 모든 만물과 사물의 천지인의 이치와 음양의 이치로 훈민정음 한글 초성·중성·종성으로 자음과 모음의 문자와 소리가 초성으로 자음이 종성으로 자음이 되는 이치에 대하여 음양오행의 이치와 봄·여름·가을·겨울 사계절 24절기의 이치로 하늘에서 가장 으뜸이 되는 음양오행의 기운이 막히지 않고 골고루 흐르거나 또는 땅에서 봄·여름·가을·겨울 사계절 24절기가 올바르게 물 흐르듯이 순환되어야 대우주와 대자연에 존재하는 모든 만물과 사물의 가장 대표적인 초목이 새봄에 새싹을 돋우고 여름에 성장하여 긴 여름에 꽃이 피어 가을에 단단한 열매의 씨앗이 풍성하게 결실하여 겨울에 초목의 핵인 단단한 열매의 씨앗이나 뿌리의 생명을 강한 추위로 동결시켜 생명을 보호하고 저장하였다가 12월 축월에 모든 것을 잘 정리 정돈하여 올바르게 갖추어 새로운 신년의 1월 정월 입춘절기에 씨앗이 발아되어 새로운 새 생명의 새싹이 돋아나는 이치와 똑같은 이치를 뜻하는 것으로 대우주와 대자연에 존재하는 모든 만물과 사물의 음양오행의 이치와 사계절의 이치나 육친의 이치가 순환상생의 이치로 끊임없이 막히지 않고 흐르는 것이 최상이라는 뜻이다.

"우 정음작이천지만물지리함비 기신의재 시태천계성심이가수언 자호(旴 正音作而天地萬物之理咸備 其神矣哉 是殆天啓聖心而假手焉者乎)"

"아침에 해가 크게 처음으로 솟아오르듯 올바른 소리의 훈민정음 한글을 만드는 데 하늘과 땅에 존재하는 모든 만물과 사물의 이치를 모두다 두루 갖추어 그 신비로운 것을 성스러운 천지신명의 마음과 손을 빌려 만들었다."

위 내용은 대우주와 대자연에 존재하는 모든 만물과 사물의 천지인의 이치와 음양의 이치로 훈민정음 한글을 만드는 데 있어서 맑고 깨끗한 기운이 솟아오르는 아침에 붉은 해가 떠오르는 것처럼 불가사의한 정신과 혼을 바탕으로 하늘과 땅에 존재하는 모든 만물과 사물의 이치를 갖추고 응용하고 형상화하여 가장 훌륭하게 만들었다는 뜻으로 훈민정음 한글 초성·중성·종성으로 자음과 모음에는 하늘과 땅에 존재하는 모든 만물과 사물의 천지인의 이치와 음양오행의 이치와 봄·여름·가을·겨울 사계절 24절기의 이치와 동서남북 방향의 이치와 1234567890 숫자의 이치와 심지어 만물과 사물의 가장 대표적인 초목이 사람을 만나 어우러져 함께 공존공생하며 하나의 큰 공동체를 이루고 생활하며 생명을 유지하는 이치와 신체의 성품과 성질의 이치까지 동원하여 만들었다는 뜻으로 훈민정음 한글이 유일하게 음양오행의 기운, 성품, 성질, 성향, 유형을 갖춘 문자와 소리가 되어 세계에서 가장 우수하고 훌륭한 문자와 소리라는 증거가 되는 뜻으로 모든 백성들을 인도하고 가르쳐 소통하여 부와 명예를 누리도록 지극정성으로 빌고 빌어 하늘의 뜻에 따라 훈민정음 한글이 만들어졌다는 뜻이다.

위와 같이 『훈민정음 해례본』 '제자해'를 통하여 훈민정음 한글 초성·중성·종성으로 자음과 모음을 만드는 과정에서는 대우주와 대자연에 존재하는 모든 이치를 응용하여 창시(創始)하였다는 것을 알 수가 있는 내용으로 우리의 소중한 훈민정음 한글로 자음과 모음에는 각각 음양이나 목화토금수의 기운이 존재한다는 것을 꼭 알아야 하는 동시에 세종대왕 임기 중 집현전 위원들께서는 아마도 명리학문의 수준이 상당한 고수에 가까운 명리학자라는 생각으로 가장 명리학적인 국보 제70호 『훈민정음 해례본』을 몇십 번을 읽고 해석해 본 결과 현재의 명리학자나 역학자나 일반인은 이 책을 읽으면 자연적으로 대우주와 대자연에 존재하는 모든 만물과 사물의 이치를 자연적으로 깨달을 수가 있어 자세하게 명리학문을 중심으로 풀이하였으니 많은 참고가 되기를 바라는 바이다.

다음은 당시 집현전 위원들께서 훈민정음 한글로 자음과 모음을 제자(制字)한 후에 작성한 송별사다.

訣曰

天地之化本一氣　陰陽五行相始終　物於兩間有形聲　元
本無二理數通　正音制字尙其象　因聲之厲每加畫　音出牙
舌脣齒喉　是爲初聲字十七　牙取舌根閉喉形　唯業似欲
取義別　舌迺象舌附上月腭　脣則實是取口形　齒喉直取齒
喉象　知斯五義聲自明　又有半舌半齒音　取象同而體則異
那彌戌欲聲不厲　次序雖後象形始　配諸四時與冲氣　五
行五音無不協　維喉爲水冬與羽　牙迺春木其音角　徵音夏
火是舌聲　齒則商秋又是金　脣於位數本無定　土而季夏爲
宮音　聲音又自有淸濁　要於初發細推尋　全淸聲是君斗彆
卽戌挹亦全淸聲　若迺快吞漂侵虛　五音各一爲次淸　全濁之聲　叫
覃步　又有慈邪亦有洪　全淸並書爲全濁　唯洪自虛是不同　業那
彌欲及閭穰　其聲不淸又不濁　欲之連書爲脣輕　喉聲多而脣乍合
中聲十一亦取象　精義未可容易觀　吞擬於天聲最深　所以圓形
如彈丸　卽聲不深又不淺　其形之平象乎地　侵象人立厥聲淺　三
才之道斯爲備　洪出於天尙爲闔　象取天圓合地平　覃亦出天爲
已闢　發於事物就人成　用初生義一其圓　出天爲陽在上外　欲穰
兼人爲再出　二圓爲形見其義　君業戌彆出於地　據例自知何湏評
吞之爲字貫八聲　維天之用徧流行　四聲兼人亦有由　人參
天地爲最靈　且就三聲究至理　自有剛柔與陰陽　中是天用陰
陽分　初迺地功剛　柔彰　中聲唱之初聲和　天先乎地理自然

和者爲初亦爲終 物生復歸皆於坤 陰變爲陽陽變陰 一動一
靜互爲根 初聲復有發生義 爲陽之動主於天 終聲比地陰之
靜 字音於此止定焉 韻成要在中聲用 人能輔相天地宜 陽之爲用
通於陰 至而伸則反而歸 初終雖云分兩儀 終用初聲義可知 正音
之字只卄八 探賾錯綜窮深幾 指遠言近牖民易 天授何曾智巧爲

"천지지화본일기 음양오행상시종 물어양간유형성 원본무이리수

통(天地之化本一氣 陰陽五行相始終 物於兩間有形聲 元本無二理數通)"

"하늘과 땅에 만물을 생육하는 작용의 근본은 하나의 음양오행
의 기운이 서로가 시작되고 끝나는 이치로 만물과 사물의 짝하는
공간에는 형체와 소리가 존재하는 가장 으뜸이 되는 근본은 둘이
존재할 수가 없어야 숫자와 이치가 통한다."

위 내용은 대우주와 대자연에 존재하는 모든 만물과 사물이 천
지인의 이치와 음양의 이치로 가장 으뜸이 되는 기운이 바로 음양
오행이라는 뜻으로 하늘과 땅에 하루의 밤낮과 봄·여름·가을·겨울
사계절 24절기가 끊임없이 발생하는 생활환경 속에서 모든 만물과
사물의 사람이나 동식물이나 물류는 각각 음양오행의 기운, 성품,
성질, 성향, 유형을 갖추고 태어나 존재하며 생명을 유지하는 이치
를 뜻하는 내용으로 모든 만물과 사물은 음양오행을 떠나서 존재
할 수가 없어 대우주와 대자연에 존재하는 만물과 사물이 음양의
이치로 만나 형체와 소리가 존재하는 그 으뜸이 되고 뿌리가 둘이

될 수가 없어 오로지 음양오행에 의한 숫자와 이치로 모든 것이 통하여 생명을 유지하고 존재한다는 뜻이다.

"정음제자상기상 인성지려매가획 음출아설순치후 시위초성자십칠(正音制字尙其象 因聲之厲每加畫 音出牙舌脣齒喉 是爲初聲字十七)**"**

"훈민정음 한글을 만드는 데 그 모양과 그림을 높이 숭상하여 늘 괴로운 소리의 원인에 따라 획을 붙여 소리를 내보내는 어금니, 혀, 입술, 이, 목구멍에서 초성으로 자음은 17개의 문자와 소리다."

위 내용은 대우주와 대자연에 존재하는 모든 만물과 사물의 천지인의 이치와 음양의 이치로 훈민정음 한글 초성으로 자음을 17개 문자와 소리를 모든 만물과 사물의 모양과 그림을 형상화하여 만들어 사람이 말하는 소리의 근본의 세기에 따라 획의 숫자를 더하여 사람의 입에서 나오는 소리를 처음으로 목화토금수의 오행으로 각각 구분하여 만들었다는 뜻이다.

"아취설근폐후형 유업사욕취의별(牙取舌根閉喉形 唯業似欲取義別)**"**

"어금닛소리는 혀의 뿌리가 목구멍이 닫히고 막히는 모양을 골라 오직 ㆁ은 ㅇ과 닮았으나 나누어 고른 뜻이 있다."

위 내용은 대우주와 대자연에 존재하는 모든 만물과 사물의 천지인의 이치와 음양의 이치로 훈민정음 한글의 어금닛소리는 만물과 사물의 근원이며 뿌리가 되는 물(水)이 촉촉이 젖어 있는 목구멍에서 시작되는 소리가 水生木의 이치에 따라 나무(木)가 새싹을 돋우고 시작하는 나무(木)의 어금닛소리가 발생하는 이치로 ㆁ과

ㅇ은 그 모양이 닮았으나 각각 고른 뜻이 달라 음양오행의 이치로 ㅇ은 어금닛소리로 木, ㅇ은 목구멍소리로 水가 된다는 뜻이다.

"설내상설부상악(舌迺象舌附上月咢)**"**

"혓소리는 혀가 잇몸의 위쪽에 붙는 모양과 그림이다."

위 내용은 대우주와 대자연에 존재하는 모든 만물과 사물의 천지인의 이치와 음양의 이치로 훈민정음 한글의 혓소리는 나무(木)가 새싹을 돋우고 木生火의 이치에 따라 불(火)의 뜨거운 빛과 열기에 의해 튼튼하게 뼈대와 줄기를 갖추고 성장하는 이치로 불(火)의 혓소리는 음양오행의 이치로 火가 된다는 뜻이다.

"순칙실시취구형(脣則實是取口形)**"**

"입술소리는 실질적인 입의 올바른 모양과 그림을 골랐다."

위 내용은 대우주와 대자연에 존재하는 모든 만물과 사물의 천지인의 이치와 음양의 이치로 훈민정음 한글의 입술소리는 불(火)의 따뜻한 빛과 열기를 동서남북 대지에 비추어 무성하게 성장한 초목이 火生土의 이치로 양지바른 땅에 뜨거운 열기로 꽃을 활짝 피우는 이치로 흙(土)의 입술소리는 음양오행의 이치로 土가 된다는 뜻이다.

"치후직취치후상 지사오의성자명(齒喉直取齒喉象 知斯五義聲自明)**"**

"잇소리와 목구멍소리는 바른 이와 목구멍의 모양과 그림을 골라 이 다섯 가지 신체 구강의 구조와 이치를 알아야 올바른 다섯 가지 소리를 스스로 환하게 알게 된다."

위 내용은 대우주와 대자연에 존재하는 모든 만물과 사물의 천지인의 이치와 음양의 이치로 훈민정음 한글의 잇소리와 목구멍소리는 土의 삼복더위의 양지바른 땅에서 무성하게 자라 꽃을 활짝 피운 초목의 열매가 쇠(金)의 단단하게 굳혀 익어 결실하는 이치이며 물(水)은 단단하게 굳어 결실한 초목의 핵인 씨앗의 생명을 강한 추위로 동결시켜 수장하고 보호하는 이치로 쇠(金)의 잇소리와 물(水)의 목구멍소리는 음양오행의 이치로 金水가 된다는 뜻이다. 만물과 사물의 가장 대표적인 초목이 음양의 이치로 하루의 밤낮으로 1년 봄·여름·가을·겨울 사계절의 포근하고 뜨겁고 무덥고 서늘하고 추운 음양의 이치에 의해 봄(木)의 따뜻하고 포근한 계절에 초목이 발아되어 새싹을 돋우고 태어나 여름(火)의 뜨거운 빛과 열기의 계절에 튼튼하게 성장하여 긴 여름(土) 뜨거운 삼복더위의 열기의 계절에 꽃이 만발하여 가을(金)의 차고 서늘한 계절에 단단하게 굳는 씨앗을 풍성하게 결실하여 겨울(水)의 춥고 얼어붙는 계절에 단단한 씨앗의 생명을 동결시켜 수장하고 보호하였다가 따뜻하고 포근한 새봄(木)에 발아되어 새싹을 돋우고 새로운 생명이 태어나는 이치와 음양오행의 생극제화 이치로 木生火 火生土 土生金 金生水 水生木으로 끊임없이 순환상생이 발생하는 이치의 뜻이다.

"우유반설반치음 취상동이체칙이(又有半舌半齒音 取象同而體則異)**"**

"또 반혓소리와 반잇소리가 존재하는데 고른 모양과 그림은 똑같으나 문자는 다르다."

위 내용은 대우주와 대자연에 존재하는 모든 만물과 사물의 천지인의 이치와 음양의 이치로 훈민정음 한글의 반혓소리와 반잇소리는 혀와 이의 모양과 그림을 골라 만들었으나 그 문자와 소리가 각각 다르다는 뜻으로 만물과 사물의 이치로 가장 대표적인 초목이 하루의 밤낮으로 1년 봄·여름·가을·겨울 사계절의 이치에 의해 발아되어 새싹을 돋우고 태어나 성장하여 꽃이 피고 풍성하게 씨앗을 결실한 후에 동결되었다가 새봄에 다시 태어나는 이치를 끊임없이 반복하는 초목은 수많은 종류로 그 모양과 그림을 각각 다르지만 그 뜻은 가을에 火의 열기와 金의 서늘함이 조화를 이루워 초목이 풍성하게 단단한 씨앗을 결실하는 이치로 사람이 말하는 혀는 소리의 변화 식상을 뜻하고 이는 부와 명예의 변화가 발생한다는 뜻이다.

"나미술욕성불려 차서수후상형시 배제사시여충기 오행오음무불협(那彌戌欲聲不屬 次序雖後象形始 配諸四時與冲氣 五行五音無不協)"

"ㄴㅁㅅㅇ은 하고자 하는 소리가 엄하지 않아 순서로는 비록 뒤쪽에 있으나 모양과 그림이 처음부터 봄·여름·가을·겨울 사계절이 짝을 지어 빈 공간에 기운을 베풀어주듯 목화토금수의 오행과 궁상각치우의 다섯 가지의 소리에 적합하다."

위 내용은 대우주와 대자연에 존재하는 모든 만물과 사물의 천지인의 이치와 음양의 이치로 훈민정음 한글의 자음과 모음은 만물과 사물의 모양과 그림을 골라 만들어 가장 대표적인 초목이 봄·

여름·가을·겨울 사계절의 이치에 따라 태어나 성장하여 꽃을 피우고 풍성한 열매를 결실하는 이치에 따라 그 순서를 목화토금수로 정했다는 뜻으로 대우주와 대자연에 존재하는 천지인의 이치와 음양오행의 이치와 봄·여름·가을·겨울 사계절 24절기의 이치와 동서남북 방향의 이치와 1234567890 숫자의 이치와 모든 만물과 사물의 가장 대표적인 초목이 사람을 만나 풍성하게 결실하여 생명을 유지하고 존재하는 이치와 사람의 신체의 이치로 훈민정음 한글 초성·중성·종성으로 자음과 모음을 만들어 대우주와 대자연에 존재하는 어떠한 이치를 대비하여도 손색이 없다는 뜻으로 가장 소중하고 훌륭한 문자와 소리가 바로 훈민정음 한글이라는 뜻이다.

"유후위수동여우 아내춘목기음각 치음하화시설성 치칙상추우시금 순어위수본무정 토이계하위궁음(維喉爲水冬與羽 牙迺春木其音角 徵音夏火是舌聲 齒則商秋又是金 脣於位數本無定 土而季夏爲宮音)**"**

"우(羽)소리는 물(水)의 추운 겨울의 목구멍소리가 되는 것이며, 각(角)소리는 나무(木)의 따뜻한 봄의 어금닛소리이며, 치(徵)소리는 불(火)의 뜨거운 여름의 혓소리이며, 상(商)소리는 쇠(金)의 서늘한 가을의 잇소리로 金이며, 입술소리는 자리와 숫자의 근본이 없는 것이 정해져 있는 궁(宮)소리는 흙(土)으로 삼복더위의 무더운 긴 여름이 된다."

위 내용은 대우주와 대자연에 존재하는 모든 만물과 사물의 천지인의 이치와 음양의 이치에 따라 1년 봄·여름·가을·겨울 사계절의 이치와 음양오행의 이치를 비교하여 소리의 대표인 궁상각치우 다섯 가지 소리를 구분하여 목구멍소리의 추운 겨울의 물(水)은 우(羽), 어금닛소리의 따뜻한 봄의 나무(木)는 각(角), 혓소리의 뜨거운 여름의 불(火)은 치(徵), 잇소리의 서늘한 가을의 쇠(金)는 상(商), 입술소리의 불 같은 삼복더위 긴 여름의 흙(土)은 궁(宮)이 되는 동시에 동서남북 방향과 숫자가 정해진 것이 없어 음양오행의 이치로 중성자 土에 해당하여 사계절의 이치로 봄·여름·가을·겨울의 끝자락에 위치하여 계절과 계절이 끊이지 않게 이어주는 임무를 수행한다는 뜻이다.

"성음우자유청탁 요어초발세추심 전청성시군두별 즉술읍역전청성 약내쾌탄표침허 오음각일위차청(聲音又自有淸濁 要於初發細推尋 全淸聲是君斗瞥 卽戌挹亦全淸聲 若迺快呑漂侵虛 五音各一爲次淸)**"**

"사람이 말하는 목소리에는 스스로 맑고 흐린 것이 존재하는 요점은 처음에 내보내는 소리를 자세하게 생각해서 찾아 군(君) 두(斗) 별(瞥)의 ㄱ, ㄴ, ㅂ이 온전하게 맑고 깨끗한 소리이며 즉(卽) 술(戌) 읍(挹)의 ㅈ, ㅅ, ㆆ 역시 온전하게 맑고 깨끗한 소리이며 쾌(快) 탄(呑) 표(漂) 침(侵) 허(虛)의 ㅋ, ㅌ, ㅍ, ㅊ, ㅎ은 오음의 다섯 가지 소리로 각각 모두가 두 번째로 맑고 깨끗한 소리다."

위 내용은 대우주와 대자연에 존재하는 모든 만물과 사물의 천지인의 이치와 음양의 이치로 훈민정음 한글의 문자와 소리에는 맑고 깨끗하거나 흐리고 더러운 것이 존재하는 이치로 사람이 말하는 소리에는 반드시 음양의 이치에 따라 맑고 깨끗한 소리와 흐리고 더러운 소리가 존재하여 공손한 선한 말과 거친 상소리가 존재한다는 뜻으로 양의 가장 맑고 깨끗한 소리와 음의 흐리고 탁한 소리로 구분하여 양중양(陽中陽)의 이치에 해당하는 木의 ㄱ과 火의 ㄴ과 土의 ㅂ이며 음중양(陰中陽)의 이치에 해당하는 金의 ㅅ과 水의 ㆆ이 되며 양중음(陽中陰)의 이치에 해당하는 소리로 木의 ㅋ과 火의 ㅌ과 土의 ㅍ과 金의 ㅊ과 水의 ㅎ이 발생한다는 뜻이다.

"전탁지성규담보 우유자사역유홍 전청병서위전탁 유홍자허시부동 업나미욕급려양 기성불청우불탁 욕지운서위순경 후성다이순사합(全濁之聲叫覃步 又有慈邪亦有洪 全淸並書爲全濁 唯洪自虛是不同 業那彌欲及閭穰 其聲不淸又不濁 慾之運書爲脣輕 喉聲多而脣乍合)**"**

"온전하게 탁하고 흐린소리는 규(叫) 담(覃) 보(步)의 ㄲ, ㄸ, ㅃ이며, 또 자(慈) 사(邪) 홍(洪)의 ㅉ, ㅆ, ㆅ이 존재하여 온전하게 맑고 깨끗한 것을 나란히 글씨를 쓰면 온전하게 탁하고 흐린 것이 되어 오직 홍(洪)의 ㆅ과 허(虛)의 ㅎ은 똑같은 것이 아니며 업(業) 나(那) 미(彌) 욕(欲)의 ㆁ, ㄴ, ㅁ, ㅇ과 려(閭) 양(穰)의 ㄹ, ㅿ의 소리는 맑지도 않고 또 흐리지도 않아 욕(欲)처럼 ㅇ을 이어서 글씨를 쓰면 가벼운 입술소리가 되어 목구멍소리에 많지만 입술이 잠깐 닿아 만나 발생하는 소리다."

위 내용은 대우주와 대자연에 존재하는 모든 만물과 사물의 천지인의 이치와 음양의 이치로 훈민정음 한글 문자와 소리에는 음중음(陰中陰)의 이치에 해당하는 소리는 木의 ㄲ, 火의 ㄸ, 土의 ㅃ, 金의 ㅉ, ㅆ이며 양변음(陽變陰)의 이치로 가장 맑고 깨끗한 양의 문자만 사용하면 음의 흐리고 탁한 것으로 변하여 水의 ㆅ과 ㅎ이며 음도 양도 아닌 중성자의 이치에 해당하는 소리는 木의 ㆁ, 火의 ㄴ, 土의 ㅁ, 水의 ㅇ이며 水의 ㅇ을 음양의 합으로 상합자의 이치로 이어 쓰면 土의 입술소리와 水의 목구멍소리가 발생하여 음양의 이치로 중성자가 된다는 뜻이다.

"중성십일역취상 정의미가용역관 탄의어천성최심 소이원형여탄환 즉성불심우불천 기형지평상호지 침상인립궐성천 삼재지도사위비(中聲十一亦取象 精義未可容易觀 吞擬於天聲最深 所以圓形如彈丸 卽聲不深又不淺 其形之平象乎地 侵象人立厥聲淺 三才之道斯爲備)**"**

"중성으로 모음의 11자 역시 모두 모양과 그림을 보고 옳게 바꾸고 골랐으나 그 자세한 뜻을 알 수가 없으나 탄(吞)의 ㆍ는 하늘의 가장 뛰어난 깊은 소리로 둥근 원형의 모양의 탄알과 같고 즉(卽)의 ㅡ의 소리는 깊이가 없고 또 얕지도 않아 그 모양이 평평한 땅의 모양과 그림이며 침(侵)의 ㅣ는 사람이 일어나 서 있는 모양과 그림으로 얕은 소리로 사람의 뛰어난 재주와 재능과 근본과 도리를 모두 갖추었다."

위 내용은 대우주와 대자연에 존재하는 모든 만물과 사물의 천지인의 이치와 음양오행의 이치와 사계절의 이치와 방향의 이치와 숫자의 이치와 만물과 사물의 가장 대표적인 초목이나 사람의 모양과 그림을 응용하여 훈민정음 한글 중성으로 모음을 만들어 가장 대표적인 ᆞ一ㅣ 문자와 소리의 ᆞ는 하늘(天)의 둥근 모양의 태양이 따뜻한 빛과 열기를 땅에 비추어 모든 만물과 사물의 각종 사람이나 동식물이 가장 왕성하게 활동하며 생명을 유지하고 존재하는 가장 큰 이치를 말하는 뜻이며 一는 둥근 모양의 대지의 평평한 땅(地)에 모든 만물과 사물의 각종 사람이나 동식물이나 물류의 세계가 무한대로 진화하여 펼쳐지며 각각 생명을 유지하고 존재하는 큰 이치의 뜻이며 ㅣ는 사람(人)이 일어나 서 있는 모양으로 왕성하게 활동을 시작하는 이치로 하늘과 땅 사이에 모든 만물과 사물의 각종 사람이나 동식물이나 각종 물류가 음양오행의 기운, 성품, 성질, 성향, 유형을 모두 갖추어 뛰어난 재주, 재능, 도리의 근본을 갖추고 세계 인류 문명의 발전에 기여하며 생명을 유지하고 존재하는 큰 이치를 말하는 뜻이다.

"홍출어천상위합 상취천원합지평 담역출천위이벽 발어사물취인 용초생위일기원 출천위양재상외 욕양겸인위재출 이원위형견기의(洪 出於天尙爲闔 象取天圓合地平 覃亦出天爲已闢 發於事物就人成 用初生義一其 圓 出天爲陽在上外 欲穰兼人爲再出 二圓爲形見其義)**"**

"홍(洪) 자의 중성으로 모음의 ㅗ는 하늘을 크게 숭상하여 간직하여 나타나 하늘은 둥글고 평평한 땅이 만나는 모양과 그림을 골랐으며 담(覃) 자의 중성으로 모음의 ㅏ는 하늘에서 나타나 열려 만물과 사물을 쫓고 보내는 것을 사람이 이루는 것으로 처음으로 태어나는 뜻으로 하나의 둥근 원을 사용하는 것은 하늘에서 나타나 양이 되어 위쪽이나 밖에 존재하며 욕(欲) 자의 중성으로 모음의 ㅛ와 양(穰) 자의 중성으로 모음의 ㅑ는 사람에 의해서 재차 나타나는 것이 되어 두 개의 둥근 원을 만들어 올바른 형체를 보는 것이다.

위 내용은 대우주와 대자연에 존재하는 모든 만물과 사물의 천지인의 이치와 음양의 이치로 훈민정음 한글 중성으로 모음의 'ㅗ ㅏ'는 양의 하늘과 음의 땅이 둥글고 평평한 이치로 음의 평평한 땅에서 양의 따뜻한 빛과 열기에 의해 만물의 대표적인 초목이 발아되어 새싹을 돋우는 이치로 하나의 ○을 사용하여 음양의 합으로 상합자의 이치로 완성되는 문자와 소리이며 'ㅛ ㅑ'는 사람에 의해 만물과 사물을 만나 하나의 공동체를 이루고 생명을 유지하고 존재하는 이치로 2개의 ○을 사용하여 완성되는 문자와 소리가 발생하는 뜻으로 모든 만물과 사물의 천지인의 이치와 음양의 이치로 양의 하늘(天)에 의해 음의 땅(地)에서 하루의 밤낮과 사계절의 이치로 음양의 조화와 균형을 이루고 중화를 이루는 이치 속에서 사람이 각종 만물과 사물의 대표적인 초목을 만나 꿈과 이상을 실현하는 이치가 발생하는 뜻이다.

"군업술별출어지 거예자지하수평 탄지위자관괄성 유천지용편류행 사성겸인역유유 인참천지위최령(君業戌彆出於地 據例自知何須評 吞之爲字貫八聲 維天之用徧流行 四聲兼人亦有由 人參天地爲最靈)**"**

"군(君) 자의 중성으로 모음의 ㅜ와 업(業) 자의 중성으로 모음의 ㅓ와 슐(戌) 자의 중성으로 모음의 ㅠ와 별(彆) 자의 중성으로 모음의 ㅕ는 땅에 의지하여 나타나는 보기를 들어 모름지기 예를 들어 잘잘못을 살펴 정하여 스스로 깨닫고 알도록 사실에 근거하여 의논하여 ㆍ는 8개의 문자와 소리를 만드는 데 엽전을 꿰듯이 착용되는 것은 하늘에서 끈을 매어 사용하여 두루 널리 흘러가는 것이며 4개의 소리가 사람을 겸하는 것에 대한 곡절이 존재하는 이유는 사람이 하늘과 땅에 가장 뛰어나고 신령스럽게 참여한다."

위 내용은 대우주와 대자연에 존재하는 모든 만물과 사물의 천지인의 이치와 음양의 이치로 훈민정음 한글 중성으로 모음의 'ㅜ ㅓ ㅠ ㅕ'는 땅(地)이 음양의 조화와 균형을 이루고 중화를 이루는 봄·여름·가을·겨울 사계절의 이치에 따라 질서정연하게 원상태로 복귀하여 만물의 대표적인 초목이 봄에 새싹을 돋고 여름에 성장하여 긴 여름에 꽃이 피어 가을에 풍성하게 결실한 후에 겨울에 그 생명이 수장되었다가 새봄에 다시 태어나는 끊임없이 반복하는 것을 이루는 이치이며 ㆍ의 문자가 'ㅗ ㅏ ㅛ ㅑ ㅜ ㅓ ㅠ ㅕ'의 8글자에 구슬을 꿰듯 사용되는 이치가 바로 양의 하늘(天)에서 음양오행의 정신기(精神氣)를 넉넉하게 갖추어 모든 것을 평등하게 직접 주관하여 작용하고 영향을 주어 음의 땅(地)에 존재하는 각종 모든 만물과 사물의 가장 똑똑한 만물의 영장인 사람(人)이나 동식물의 생사를 좌우한다는 이치와 동일하다. 'ㅜ ㅓ ㅠ ㅕ'의 4개의 소리는 사람이 음양의 이치에 따라 하늘과 땅에 의지하여 생명을 유지하고 존재하며 각종 만물과 사물의 동식물이나 물류를 만나 함께 공동체를 이루고 살아가는 이치를 이루는 뜻이다.

"차취삼성구지리 자유강유여음양 중시천용음양분 초내지공강유창 중성창지초성화 천선호지리자연 화자위초역위종 물생복귀개어곤 음변위양양변음 일동일정호위근(且就三聲究至理 自有剛柔與陰陽 中是天用陰陽分 初迺地功剛柔彰 中聲唱之初聲和 天先乎地理自然 和者爲初亦爲終 物生復歸皆於坤 陰變爲陽陽變陰 一動一靜互爲根)**"**

"또 초성·중성·종성 세 가지 소리가 끝에 이르는 이치와 도리가 스스로 존재하는 굳센 성품과 부드러운 성품의 음양의 이치이며 중성으로 모음도 올바르게 하늘이 음양으로 나누어 베풀어 쓰는 것이며 초성으로 자음도 땅에서 굳세고 부드러운 성품을 밝고 뚜렷하게 드러내도록 직무를 수행하여 중성으로 모음이 부르면 초성으로 자음이 화답하는 것도 대우주와 대자연의 이치가 땅보다 하늘이 우선이라는 이치며 화답하는 자가 초성으로 자음이 되고 또 종성이 되는 것이 모든 만물과 사물이 태어나 모두 땅으로 복귀하여 돌아가는 것이 음이 변하여 양이 되고 양이 변하여 음이 되는 것처럼 하나의 움직임과 하나의 고요함이 서로가 관계를 이루며 뿌리와 근본이 된다."

위 내용은 대우주와 대자연에 존재하는 모든 만물과 사물의 천지인의 이치와 음양의 이치로 훈민정음 한글 초성·중성·종성으로 자음과 모음이 음양의 합으로 상합자의 이치로 만나 화답하여 완성되어 발생하는 소리에는 스스로 음양의 부드럽고 강한 이치를 갖추고 존재하기 때문에 훈민정음 한글 중성으로 모음도 대우주와 대자연에 존재하는 모든 만물과 사물의 천지인의 이치와 음양의 이치로 양인 하늘(天)의 뜻에 따라 음양으로 나누어 베풀어 음인 땅(地)에서 음양의 이치로 굳세고 강하고 부드럽고 약하게 모든 만물과 사물이 펼쳐져 아름다운 금수강산을 이루고 각종 사람이나 동식물이나 물류의 세계가 펼쳐지는 것을 밝게 드러나는 것을 보는 이치로 초성으로 자음을 강조하는 뜻이며 훈민정음 한글 초성으로 자음이 종성이 되는 이치가 음양의 이치에 의해 만물과 사물의 가장 대표적인 초목이 봄·여름·가을·겨울 사계절 24절기에 따라 끊임없이 태어나 왕성하다 소멸하고 다시 태어나는 생왕묘의 이치가 발생하는 뜻이 음양의 움직임과 고요함이 교차하는 이치가 바로 음변양 양변음(陰變陽 陽變陰)의 이치로 하루의 밤낮이 교차하고 1년 사계절의 이치로 따뜻하고 덥고 서늘하고 추운 난서량한(暖暑涼寒)의 이치가 발생하는 뿌리가 되는 것이 명리학문의 하늘과 땅과 땅속의 음양오행의 순환작용으로 천간(天干)과 지지(地支)와 지장간(地藏干)이 순환상생의 이치가 발생하는 것을 하늘의 천간(天干)에 의해 모든 것이 좌우되어 모든 만물과 사물이 생명을 유지하고 존재하는 이치의 뜻이다.

"초성복요유발생의 위양지동주어천 종성비지음지정 자음어차지 정언 운성요재중성용 인능보상천지의 양지위용통어음 지이신칙반 이귀(初聲復有發生義 爲陽之動主於天 終聲比地陰之靜 字音於此止定焉 韻成要在中聲用 人能輔相天地宜 陽之爲用通於陰 至而伸則反而歸)**"**

"초성으로 자음이 다시 돌아와 존재하여 올바르게 태어나서 일어나는 것이 되어 양의 크게 움직이는 것은 하늘이 주인이 되고 종성을 음의 땅에 비교하면 맑고 고요하고 정밀하게 글자의 소리가 멈추고 머물러 있는 것이 정해져 있어 소리의 울림을 이루기 위한 요점은 중성으로 모음이 존재하여 사용하는 것은 사람이 재능을 펼치도록 하늘과 땅이 마땅히 서로가 힘을 빌려주고 도와주는 것으로 양을 써서 통하여 음에 이르면 반대로 펴지는 것이 법칙으로 다시 돌아온다."

위 내용은 대우주와 대자연에 존재하는 모든 만물과 사물의 천지인의 이치와 음양의 이치로 훈민정음 한글 초성으로 자음이 초성·종성이 되는 이치가 양의 하늘(天)이 모든 것의 주인이 되어 크게 활동하여 움직여 시작하는 이치와 음의 땅(地)이 고요하고 세밀하게 멈추는 이치와 동일하다는 뜻으로 초성·종성으로 자음이 중성으로 모음에 의해 소리의 울림이 발생하는 이치가 바로 천지인의 이치로 음양의 이치에 따라 하늘과 땅에 의지하여 사람(人)이 봄·여름·가을·겨울 사계절 24절기의 이치에 따라 발생하는 생활환경에 적응하며 각각 생명을 유지하고 존재하며 꿈과 이상을 펼치는 이치로 하늘과 땅과 사람은 서로가 끊을 수 없는 관계를 유지하며 존재하는 이치와 같다는 뜻으로 대우주와 대자연에 존재하는 모든 만물과 사물은 양의 하늘(天)의 뜻에 의해 음의 땅(地)에 존재하는 봄·여름·가을·겨울 사계절 24절기의 이치에 따라 땅이 원상태로 회복하는 것을 되풀이하며 만물과 사물의 대표적인 초목이 태어나 성장하여 사람(人)을 만나 풍성하게 결실하여 생명을 유지하는 이치도 모두가 하늘의 작용과 영향에 따라 이루어진다는 이치의 뜻이다.

"초종수운분양의 종용초성의가지 정음지자지입팔 탐색착종궁심기 지원언근유민역 천수하회지교위(初終雖云分兩儀 終用初聲義可知 正音之字只廿八 探賾錯綜窮深幾 指遠言近牖民易 天授何曾智巧爲)**"**

"초성과 종성은 비록 2개로 뜻을 구분하지만 뜻은 종성에 초성으로 쓸 수 있으며 뜻을 옳게 알아야 훈민정음 한글 자음과 모음의 28자의 문자와 소리는 어지럽게 섞여 있는 깊숙한 이치와 도리를 찾아 매우 깊이 있게 살펴 정성을 다하여 끝냈지만 뜻은 멀지만 말은 가까워 쉽게 백성들을 인도하게 되는 것을 하늘에서 아름다운 슬기와 지혜와 기교를 모아 내려주어 베풀게 되었다."

위 내용은 대우주와 대자연에 존재하는 모든 만물과 사물의 천지인의 이치와 음양의 이치로 훈민정음 한글 초성·중성·종성으로 초성과 종성에 자음을 똑같이 쓰는 이치에 대하여 양의(兩儀)인 음양의 이치로 양의 하늘(天)의 쓰임에 따라 음의 땅(地)에 봄·여름·

가을·겨울 사계절 24절기의 이치에 의해 음양오행의 기운작용과 영향에 따라 사람(人)이나 동식물이나 각종 물류가 태어나 생명을 유지하고 존재하는 것도 천간(天干)과 지지(地支)와 지장간(地藏干)의 이치가 발생하는 뜻으로 대우주와 대자연에 존재하는 모든 만물과 사물의 천지인의 이치와 음양오행의 이치와 사계절의 이치와 방향의 이치와 숫자의 이치와 만물과 사물의 가장 대표적인 초목이 사람을 만나 함께 어우러져 생명을 유지하며 공존공생하는 오묘한 이치와 도리를 찾아 지극정성으로 훈민정음 한글을 만든 것도 하늘의 뜻에 따라 이뤘다는 뜻이다.

『훈민정음 해례본』 '제자해'에서 훈민정음 한글 초성·중성·종성으로 자음과 모음을 하늘에서 큰 지혜와 슬기를 주어 만들어졌다는 뜻으로 백성들이 가장 쉽고 빠르게 새로운 우리나라 말로서 소통하여 꿈과 이상으로 목표를 달성하는 동시에 훈민정음 한글을 통하여 우리나라의 기를 상승시키는 계기를 만들었다는 뜻으로 모든 것은 하늘의 뜻에 의해 이루어졌다는 이치로 이 세상에 존재하는 모든 만물의 사물이나 사람이나 동식물이나 물류의 세계가 대우주와 대자연에 존재하는 천지인의 이치와 음양오행의 이치에 따라 각각 생명을 유지하고 존재하며 생사를 좌우하는 것을 하늘의 뜻에 따라 이루어진다는 내용으로 우리의 훈민정음 한글에도 이 세상에 존재하는 모든 만물과 사물의 이치에 의해 목화토금수의 기운이 존재한다는 것을 우리 국민은 알아야 한다는 것이다.

이것은 훈민정음 한글 초성·중성·종성으로 자음과 모음의 11자와 17자를 합하여 28자가 음양의 합으로 상합자의 이치로 만나 짝하여 끝없는 문자와 소리를 만들어 사람이 말하고 쓰고 기록하는 것이 바로 대우주와 대자연에 존재하는 모든 만물과 사물의 구성원으로 음양오행의 기운, 성품, 성질, 성향, 유형을 갖추고 함께 공존공생하며 생명을 유지하고 살아가는 것을 뜻하며 또 말하는 신체 구강의 움직임에 따라 발생하는 소리를 음양오행으로 구분하여 훈민정음 한글을 읽고 말하고 쓰고 기록하는 경우에 자체적으로 보유한 음양오행의 생극제화 이치에 따라 기운작용이 발생하여 훈민정음 한글을 사용하는 자체가 하늘에서 가장 맑고 깨끗하게 뛰어난 지혜와 슬기를 내려주고 베풀어 가장 맑고 깨끗하고 선명한 음양오행의 기운이 발생하는 이치가 성립되어 그 기운작용에 따라 우리가 살아가면서 발생하는 복합적인 모든 인간관계의 육친적인 일들이 하늘 기운 천간(天干) 기운의 갑을병정무기경신임계(甲乙丙丁戊己庚辛壬癸)의 작용과 영향에 의해 발생하는 인소에 따라 생각하고 판단하여 말하고 행동으로 실천하여 부와 명예를 소유하여 목적을 달성하는 이치로 이것이 사람이 만나 대화하는 말에 의해 순간적으로 반응하여 모든 생활에서 발생하는 육친의 이치로 인수(印綬) 비견, 겁(比肩, 劫) 식신(食神) 상관(傷官) 재성(財星) 관성(官星)의 이치가 발생하는 생활의 근간이 된다는 것이며 훈민정음 한글이 대우주와 대자연에 존재하는 모든 만물과 사물의 대표적인 초목이 생왕묘의 이치에 따라 새봄에 새싹을 돋우고 태어나 여름에 튼튼하게 성장하여 긴 여름에 무성하여 꽃을 피우고 가을에 열매의 씨앗이 달려 풍성하게 결실을 마치고 죽어 없어지나 그 씨앗의 생명은 추운 겨울에 동결되어 수장되고 보호되었다가 다시 새봄에 발아되어 새롭게 태어나는 것이 水生木 木生火 火生土 土生金 金生水의 이치다. 사람의 신체 구강의 이치로 木은 잇몸에서 태어나는 이치로 어금니를 응용하고 형상화하여 어금닛소리, 火는 왕성하게 활동하는 이치로 혀가 빠르게 움직이는 것을 응용하고 형상화하여 혓소리, 土는 둥근 원형의 이치로 입술이 둥그런 모양을 응용하고 형상화하여 입술소리, 金은 단단하여 끊는 이치로 흰색의 이가 단단한 것을 응용하고 형상화하여 잇소리, 水는 물이 촉촉한 이치로 목구멍이 둥근 원통으로 물이 왕래하는 것을 응용하고 형상화하여 목구멍소리가 발생하는 이치를 응용하여 음양오행의 이치로 水生木 木生火 火生土 土生金 金生水의 이치를 응용하고 형상화하여 훈민정음 한글로 자음과 모음을 제자(制字)하였으며 또한 훈민정음 한글을 읽고 말하는 맑고 깨끗한 소리는 다섯 가지 소리의 가장 대표적인 '궁상각치우'와 비교해도 손색이 없으며 훈민정음 한글을 쓰고 읽고 말하는 획수와 소리에 의해 가장 맑고 깨끗하고 선명한 음양오행의 기운이 가장 확실하게 발생한다는 근거를 제시하고 있는 국보 제70호 문서로 훈민정음 한글의 우수성과 중요성을 자세하게 기록하여 앞으로 『훈민정음 해례본』을 통하여 우리

의 훈민정음 한글을 세계화시켜 세계의 '국어'가 되도록 국가가 혼

신을 다해야 한다는 것을 주장하는 바입니다.

제3편

『훈민정음 해례본』 초성해(初聲解)

正音初聲 卽韻書之字母也 聲音由此而生 故曰母 如牙音君字初聲
是ㄱ ㄱ與ㅜ而爲군 快字初聲是ㅋ ㅋ與ㅙ而爲·쾌 虯字初聲是ㄲ ㄲ
與ㅠ而爲뀨 業字初聲是ㆁ ㆁ與ㅓ而爲업之類 舌之斗呑覃那 脣之
彆漂步彌 齒之卽侵慈戌邪 喉之挹虛洪欲 半舌半齒之閭穰 皆倣此

훈민정음 해례본의 초성해 해석

"정음초성 즉운서지자모야 성음유차이생 고왈모(正音初聲 卽韻書之
字母也 聲音由此而生 故曰母)**"**

"훈민정음 한글 초성으로 자음의 올바른 소리는 곧 소리의 운으
로 글자를 쓰는 어머니와 인연이 되어 목소리가 태어나는 것으로
본래 말하기를 어머니다."

위 내용은 대우주와 대자연에 존재하는 모든 만물과 사물의 천
지인의 이치와 음양의 이치로 훈민정음 한글 초성으로 자음의 올
바른 소리는 양의 하늘의 뜻에 의해 존재하는 모든 만물과 사물이
새롭게 새 생명이 태어나는 이치로 바로 어머니가 아이를 낳는 이
치로 육친의 이치로 사람(日主)의 뿌리가 되는 천륜(天倫)이 되어 어
머니가 나를 태어나게 해주는 이치로 인수(印綬)이면서 내가 또 자
식을 낳아 태어나게 하는 식상(食傷)의 이치로 사람이 하는 올바른
소리의 말(食傷)로서 우리나라가 새로운 변화를 통하여 모든 백성
들이 소유한 꿈과 이상의 목표인 재성 관성(財星,官星)을 달성하는
이치이며 또한 백성(比劫)들이 모두 훈민정음 한글을 배우고 익혀(

印綬) 쉽게 사용하는(食傷) 이치에 해당한다는 뜻으로 사람이 하는 말에는 음양오행의 이치가 존재하여 우리가 말하는 한글에는 가장 맑고 깨끗하고 선명한 음양오행의 기운작용과 영향이 발생한다는 뜻으로 근본적으로 살아가는 데 뿌리가 되어 어머니라고 표현한 뜻이다.

"여아음군자초성시ㄱ ㄱ여 ㅜㄴ이위군 쾌자초성시ㅋ ㅋ여ㅐㅇ이 위쾌 규자초성시ㄲ ㄲ여ㅠ이위ㅠ 업자초성시ㅇㅇ여 ㅓㅂ이위업지 류 설지두탄담나 순지별표보미 치지즉침자술사 후지읍허홍욕 반 설반치지려양 개방차(如牙音君字初聲是ㄱ ㄱ與 ㅜㄴ而爲군 快字初聲是ㅋ ㅋ與ㅐ而爲쾌 ㅃ字初聲是ㄲ ㄲ與ㅠ而爲ㅠ 業字初聲是ㅇ ㅇ與 ㅓㅂ而爲업之類 舌之斗吞覃那 脣之彆漂步彌 齒之卽侵慈戍邪 喉之挹虛洪欲 半舌半齒之閭穰 皆倣此)**"**

"어금닛소리는 군(君) 자의 초성으로 자음의 ㄱ이 옳은데 ㄱ을 ㅜㄴ에 주어 군(君)이 되고 쾌(快) 자의 초성으로 자음은 ㅋ이 옳은데 ㅋ을 ㅐ에 주어 쾌(快)가 되고 ㅠ(ㅃ) 자의 초성으로 자음은 ㄲ가 옳은데 ㄲ을 ㅠ에 주어 ㅠ(ㅃ)가 되고 업(業) 자의 초성으로 자음은 ㅇ이 옳은데 ㅇ을 ㅓㅂ에 주어 업(業)과 비슷한 무리가 되고 혓소리의 두(斗) 자의 ㄷ, 탄(呑) 자의 ㅌ, 담(覃) 자의 ㄸ, 나(那) 자 의 ㄴ이며 입술소리는 별(彆) 자의 ㅂ, 표(漂) 자의 ㅍ, 보(步) 자의 ㅃ, 미(彌) 자의 ㅁ이며 잇소리는 즉(卽) 자의 ㅈ, 침(侵) 자의 ㅊ, 자 (慈) 자의 ㅉ, 술(戍) 자의 ㅅ, 사(邪) 자의 ㅆ이며 목구멍소리는 읍

(挹) 자의 ㆆ, 허(虛) 자의 ㅎ, 홍(洪) 자의 ㆅ, 욕(欲) 자의 ㅇ이며 반혓소리와 반잇소리는 려(閭) 자의 ㄹ, 양(穰) 자의 ㅿ으로 이것은 모두 이와 같다."

위 내용은 대우주와 대자연에 존재하는 모든 만물과 사물의 천지인의 이치와 음양의 이치로 훈민정음 한글 초성·중성·종성으로 초성으로 자음의 어금닛소리는 ㄱㅋㄲㆁ이며, 혓소리는 ㄷㅌㄸㄴ이며, 입술소리는 ㅂㅍㅃㅁ이며, 잇소리는 ㅈㅊㅉㅅㅆ이며, 목구멍소리는 ㆆㅎㆅㅇ이며, 반혓소리는 ㄹ이며, 반잇소리는 ㅿ으로 구분하여 음양오행의 이치로 어금닛소리는 木, 혓소리와 반혓소리는 火, 입술소리는 土, 잇소리와 반잇소리는 金, 목구멍소리는 水로 구분하여 초성으로 자음에 의해 가장 올바른 소리가 발생하여 가장 맑고 깨끗하고 선명한 음양오행의 기운이 발생한다는 뜻으로 초성으로 자음을 사용하는 방법에 대하여 자세하게 기록하였다.

訣曰

君快虯業其聲牙 舌聲斗吞及覃那 彆漂步彌則是脣 齒有卽侵慈戌邪 挹虛洪欲迺喉聲 閭爲半舌穰半齒 二十三字是爲母 萬聲生生皆自此

결왈(訣曰)의 해석

"군쾌규업기상아 설성두탄급담나 별표보미칙시순 치유즉침자술

사 읍허홍욕내후성 려위반설양반치 이십삼자시위모 만성생생개자

차(君快叫業其聲牙 舌聲斗呑及覃那 彆漂步彌則是脣 齒有卽侵慈戌邪 挹虛洪

欲洒喉聲 閭爲半舌穰半齒 二十三字是爲母 萬聲生生皆自此)**"**

"ㄱㅋㄲㅇ의 군(君), 쾌(快), 규(虯), 업(業)은 어금닛소리이며, 혓소

리는 ㄷㅌㄸㄴ의 두(斗), 탄(呑) 담(覃), 나(那)이며, ㅂㅍㅃㅁ의 별(彆),

표(漂), 보(步), 미(彌)는 입술소리가 되고, 잇소리의 ㅈㅊㅉㅅㅆ의 즉

(卽), 침(侵), 자(慈), 술(戌), 사(邪)가 존재하고, ㆆㅎㆅㅇ의 읍(挹), 허

(虛)홍(洪), 욕(欲)은 곧 목구멍소리이며, ㄹ의 려(閭)는 반혓소리가 되

고 ㅿ의 양(穰)은 반잇소리가 되어 23개 올바른 문자의 어머니가 되

어 수없이 많은 소리가 모두가 스스로 태어나고 태어나 시작된다."

위 내용은 대우주와 대자연에 존재하는 모든 만물과 사물의 천

지인의 이치와 음양의 이치로 훈민정음 한글 초성·중성·종성으로

자음과 모음의 초성으로 자음이 모든 소리의 어머니가 되어 어머

니가 자식을 낳듯이 수없이 많은 문자와 소리가 태어나 발생하는

이치로 사람이 말하는 소리에 음양오행의 기운이 발생하는 이치를

신체 구강의 모양과 그림을 응용하고 형상화하여 다섯 가지 소리로

구분하여 木은 어금닛소리, 火는 혓소리, 土는 입술소리, 金는 잇소

리, 水는 목구멍소리에 의해 훈민정음 한글을 읽고 말하는 소리가

발생하는 이치를 대우주와 대자연에 존재하는 모든 만물과 사물의

음양오행의 기와 질의 성품을 응용하여 목화토금수로 분류하여 초

성으로 자음에 대한 중요성을 자세히 설명하여 ㄱㅋㄲ은 어금니가

잇몸에서 태어나 성장하듯 나무가 빼곡히 들어차 있는 형상으로 木의 어금닛소리가 되고 ㄴㄷㄹㅌㄸ는 혀가 빠르게 움직이고 활동 하듯 불이 빠르게 움직이고 번지는 형상으로 火의 혓소리가 되고 ㅁㅂㅍㅃ은 입술이 동서남북으로 둥그렇듯 땅이 둥그렇게 동서남북 으로 펼쳐져 있는 형상으로 土의 입술소리가 되고 ㅅㅆㅈㅉㅊ은 이 가 흰색으로 단단하고 튼튼하여 강한 것을 끊어 으깨듯 쇠가 강해 서 자르고 부수는 형상으로 金의 잇소리가 되고 ㅇㅎ은 목구멍으 로 물이 넘어가듯 물이 흘러 넘어가 온몸으로 흘러 통하는 형상으 로 水로 목구멍소리가 되어 각각 목화토금수로 구분하여 훈민정음 한글 초성·중성·종성으로 자음과 모음에 의한 소리의 중요성과 가 치를 강조하는 동시에 말소리에 가장 맑고 깨끗하고 선명한 음양오 행의 기운이 존재하여 음양오행의 기운이 발생하여 사람에게 작용 하고 영향을 주어 사람에게 미치는 영향에 따라 육친적인 각종 생 사고락이 발생한다는 뜻이다.

제4편

훈민정음 해례본의 중성해(中聲解)

中聲者 居字韻之中 合初終而成音 如呑字中聲是‧ ‧居ㅌㄴ之間而
爲튼 卽字中聲是ㅡ ㅡ居ㅈㄱ之間而爲즉 侵字中聲是ㅣ ㅣ居ㅊㅁ
之間而爲침之類 洪覃君業欲穰戌彆 皆倣此 二字合用者 ㅗ與ㅏ同
出於‧ 故合而爲ㅘ ㅛ與ㅑ又同出於ㅣ 故合而爲ㆇ ㅜ與ㅓ同出於ㅡ
故合而爲ㅝ ㅠ與ㅕ又同出於ㅣ 故合而爲ㆌ 以其同出而爲類 故相合
而不悖也 一字中聲之與ㅣ相合者十 ㆍ ㅡ ㅗ ㅏ ㅜ ㅓ ㅛ ㅑ ㅠ ㅕ是也二字
中聲之與ㅣ相合者四 ㅙ ㆊ ㅞ ㆋ是也 ㅣ於深淺闔闢之聲 並能相隨
者 以其舌展聲淺而便於開口也 亦可見人之參贊開物而無所不通也

훈민정음 해례본 중성해의 해석

"중성자거자운지중 합초종이성음 여탄자중성시‧ ‧거ㅌㄴ지간이
위튼 즉자중성시ㅡ ㅡ거ㅈㄱ지간이위즉 침자중성시ㅣㅣ거ㅊㅁ지간
이위침지류(中聲者居字韻之中 合初終而成音 如呑字中聲是‧ ‧居ㅌㄴ之間而爲
튼), (卽字中聲是ㅡ ㅡ居ㅈㄱ之間而爲즉 侵字中聲是ㅣㅣ居ㅊㅁ之間而爲침之類)"

"훈민정음 한글 중성으로 모음은 문자소리의 울림으로 중앙을
차지하여 초성으로 자음과 합하여 소리를 이루는데 튼(呑) 자의 중
성으로 모음은 ‧로 ‧가 ㅌ와 ㄴ의 틈 사이에 차지하고 있어 튼 자
가 되고 즉(卽) 자의 중성으로 모음은 ㅡ로 ㅡ를 ㅈ과 ㄱ의 틈 사이
에 차지하고 있어 즉 자가 되고 침(侵) 자의 중성으로 모음은 ㅣ로
ㅣ가 ㅊ와 ㅁ의 틈 사이에 차지하고 있으면서 침 자와 비슷한 무리
가 된다."

위 내용은 대우주와 대자연에 존재하는 모든 만물과 사물의 천

지인의 이치와 음양의 이치로 훈민정음 한글 초성·중성·종성으로 자음과 모음의 중성으로 모음은 양의 초성으로 자음과 음양의 합으로 상합자의 이치로 만나 짝하여 완성되는 문자와 소리로 중성으로 모음은 음에 해당한다는 이치로 음양의 이치로 파생되어 수없이 많은 문자와 소리가 발생하여 꿈과 이상의 목적을 달성한다는 뜻으로 훈민정음 한글에는 반드시 자체적으로 보유한 음양오행의 생극제화 상생상극의 이치가 자동으로 발생한다는 뜻이다. 양의 하늘(天)의 초성으로 자음이 음의 땅(地)의 중성으로 모음이 음양의 합으로 상합자의 이치로 만나 짝하여 종성으로 자음을 또 만나 짝하여 하나의 문자와 소리가 완성되어 이루는 이치가 바로 천지인의 이치로 중성으로 모음의 ㆍ는 자시에 하늘이 열리는 둥근 모양이나 음양오행의 이치로 흙(土)에 해당하는 문자와 소리로 훈민정음 한글 초성·중성·종성으로 자음과 모음의 음양오행의 이치로 '튼' 자는 초성으로 자음의 음양오행으로 火의 ㅌ에 중성으로 모음의 음양오행으로 土의 ㆍ에 종성으로 자음의 음양오행으로 火의 ㄴ이 음양의 합으로 상합자의 이치로 만나 짝하여 완성되어 발생하는 문자와 소리로 자체적으로 보유한 음양오행의 생극제화 상생상극의 이치로 火生土의 이치가 발생하여 음양오행의 이치로 흙(土)이 강하게 발생하는 문자와 소리가 되고 중성으로 모음의 ㅡ는 축시에 땅이 열리는 평평한 땅의 모양이나 그림으로 음양오행의 이치로 흙(土)에 해당하는 문자와 소리로 훈민정음 한글 초성·중성·

종성으로 자음과 모음의 음양오행의 이치로 즉 자는 초성으로 자음의 음양오행으로 金의 ㅈ에 중성으로 모음의 음양오행으로 土의 —에 종성으로 자음의 음양오행으로 木의 ㄱ이 음양의 합으로 상합자의 이치로 만나 짝하여 완성되어 발생하는 문자와 소리로 자체적으로 보유한 음양오행의 생극제화 상생상극의 이치로 土生金金剋木의 이치가 발생하여 음양오행의 이치로 金이 강하게 발생하는 문자와 소리가 되고 중성으로 모음의 ㅣ는 사람이 인시에 깨어나 일어서 있는 모양과 그림으로 음양오행의 이치로 홀로 위치와 숫자가 없는 문자와 소리로 음양오행의 기운이 없는 가장 많이 쓰이는 문자와 소리로 중성자로서 훈민정음 한글 초성·중성·종성으로 자음과 모음의 음양오행의 이치로 '침' 자는 초성으로 자음의 음양오행으로 金의 ㅊ에 중성으로 모음의 음양오행으로 음양오행이 없는 ㅣ의 중성자에 종성으로 자음의 음양오행으로 土의 ㅁ이 음양의 합으로 상합자의 이치로 만나 짝하여 완성되는 문자와 소리로 자체적으로 보유한 음양오행의 생극제화 상생상극의 이치로 土生金의 이치가 발생하여 金이 강하게 발생하는 문자와 소리가 된다는 뜻이다.

　　"홍담군업욕양성별 개방차 이자합용자 ㅗ여ㅏ동출어·고합이위ㅘ ㅛ여ㅑ우동출어ㅣ고합이위ㅃ 이기동출이위류 고상합이불패야(洪覃君業欲穰成瞥 皆倣此 二字合用者 ㅗ與ㅏ同出於· 故合而爲ㅘ ㅛ與ㅑ又同出於ㅣ 故合而爲ㅃ 以其同出而爲類 故相合而不悖也)"

"훈민정음 한글 중성으로 모음의 홍(洪) 자의 ㅗ, 담(覃) 자의 ㅏ, 군(君) 자의 ㅜ, 업(業) 자의 ㅓ, 욕(欲) 자의 ㅛ, 양(穰) 자의 ㅑ, 슐(戌) 자의 ㅠ, 별(彆) 자의 ㅕ의 문자와 소리도 모두 위와 똑같이 모방하여 두 글자가 모여 하나가 되는 것을 사용하는 자로 중성으로 모음의 ㅗ에 종성으로 모음의 ㅏ를 주어 ᆞ에서 한가지로 나타나는 것으로 본래 합하여 만나 짝하여 ㅘ가 되고 ㅛ에 ㅑ를 주어 또 ㅣ에서 한 가지로 나타나는 것으로 본래 합하여 만나 짝하여 ㆇ가 되어 똑같이 나타나는 비슷한 종류가 되어 본래 서로가 합하는 기준에서 벗어나지 않는다."

위 내용은 대우주와 대자연에 존재하는 모든 만물과 사물의 천지인의 이치와 음양의 이치로 중성으로 모음끼리 만나 짝하여 하나의 문자와 소리가 완성되는 것을 이루는 이치로 훈민정음 한글 초성·중성·종성으로 자음과 모음이 음양의 합으로 상합자의 이치로 만나 짝하여 하나의 문자와 소리가 완성되어 발생하는 이치는 동일하나 이것은 양의 초성으로 자음을 만나 음의 중성으로 모음이 종성이 되어 하나의 문자와 소리가 완성되어 발생하는 이치로 음양의 합으로 서로가 조화와 균형을 이루고 중화를 이루는 이치로 훈민정음 한글 초성·중성·종성으로 중성으로 모음의 음양오행의 이치로 ㅘ는 중성으로 모음의 음양오행으로 水의 ㅗ에 木의 ㅏ가 만나 짝하여 완성되어 발생하는 문자와 소리로 자체적으로 보유한 음양오행의 생극제화 상생상극의 이치로 水生木의 이치가 발생하여 木이 강하게 발생하는 문자와 소리가 되고 ㅑ 자는 중성으로 모음의 음양오행의 이치로 火의 ㅛ에 金의 ㅑ와 만나 짝하여 완성되어 발생하는 문자와 소리로 자체적으로 보유한 음양오행의 생극제화 상생상극의 이치로 火魁金의 이치가 발생하여 火가 강하게 발생하는 문자와 소리가 되어 훈민정음 한글에는 음양오행의 생극제화 상생상극의 이치가 존재한다는 뜻이다.

"一자중성지여ㅣ상합자십 ·ㅡㅚㅐㅔㅟㅖㅛㅒㅠㅖ시야 이자중성지여ㅣ상합자사 ㅙㅞㅙㅖ시야(一字中聲之與ㅣ相合者十 ·ㅡㅚㅐㅔㅟㅖㅛㅒㅠㅖ 是也 二字中聲之與ㅣ相合者四 ㅙㅞㅙㅖ是也)**"**

"훈민정음 한글 중성으로 모음의 ㅡ에 중성으로 모음의 ㅣ를 주어 서로가 만나 합하는 자가 모두 10개로 ㅓ, ㅢ, ㅚ, ㅐ, ㅟ, ㅔ, ㅛ, ㅒ, ㅠ, ㅖ가 올바른 것이며 2개의 문자가 중성으로 모음에 중성으로 모음의 ㅣ를 주어 서로가 만나 짝하는 네 자는 ㅙ, ㅞ, ㅙ, ㅖ의 문자와 소리가 올바른 것이다."

위 내용은 대우주와 대자연에 존재하는 모든 만물과 사물의 천지인의 이치와 음양의 이치로 훈민정음 한글 초성·중성·종성으로 자음과 모음이 음양의 합으로 상합자의 이치로 만나 짝하여 완성되어 하나의 문자와 소리가 발생하지만 중성으로 모음끼리 만나 짝하여 종성이 되는 문자와 소리가 모두 10개의 문자가 'ㅣ獨無位數者'를 응용하여 발생하는 문자와 소리를 각각 음양오행의 생극제화 상생상극의 이치로 분석하면 다음과 같다.

ㅓ 자는 "ㅓ次地之四生金之位也"로 金, ㅢ 자는 "一地十成土之數也"으로 一와 음양오행이 없는 ㅣ가 만나 합하여 土, ㅚ 자는 "ㅗ初生於天 天一生數之位也"의 水의 ㅗ와 음양오행이 없는 ㅣ가 만나 합하여 水, ㅐ 자는 "ㅏ次之天三生木之位也"로 木의 ㅏ와 음양오행이 없는 ㅣ가 만나 합하여 木, ㅟ 자는 "ㅜ初生於地 地二生火之位也"의 火의 ㅜ와 음양오행이 없는 ㅣ가 만나 합하여 火, ㅔ자는 "ㅓ次之 地四生金之位也"의 金의 ㅓ와 음양오행이 없는 ㅣ가 만나 합하여 金, ㅛ자는 "ㅛ再生於天 天七成火之數也"의 火의 ㅛ와 음양오행이 없는 ㅣ가 만나 합하여 火, ㅒ자는 "ㅑ次之 天九成金之數也"의 金의 ㅑ와 음양오행이 없는 ㅣ가 만나 합하여 金. ㅠ자는 "ㅠ再生於地 地六成水之數也"의 水의 ㅠ와 음양오행이 없는 ㅣ가 만나 합하여 水, 'ㅖ' 자는 "ㅕ次之 地八成木之數也"의 木의 ㅕ와 음양오행이 없는 ㅣ가 만나 합하여 木이 되는 가장 맑고 깨끗하고 선명한 음양오행의 기운을 소유한 문자와 소리가 발생한다는 뜻이다.

또 3개의 ㅙㅞㅖ 문자와 소리가 "ㅣ獨無位數也"의 ㅣ를 응용하여 발생하는 문자와 소리를 각각 음양오행의 생극제화 상생상극의 이치로 분석하면 다음과 같다.

ㅙ자는 水의 ㅗ와 木의 ㅏ와 음양오행이 없는 ㅣ가 만나 짝하여 음양오행의 생극제화 상생상극의 이치로 水生木의 이치가 발생하여 木, ㅞ자는 火의 ㅜ와 金의 ㅓ와 음양오행이 없는 ㅣ가 만나 짝하여 음양오행의 생극제화 상생상극의 이치로 火剋金의 이치가 발

생하여 火, ㅐ자는 火의 ㅛ와 金의 ㅑ와 음양오행이 없는 ㅣ가 만나 짝하여 음양오행의 생극제화 상생상극의 이치로 火剋金의 이치가 발생하여 火, ㅔ자는 水의 ㅠ와 木의 ㅕ와 음양오행이 없는 ㅣ가 만나 짝하여 음양오행의 생극제화 상생상극의 이치로 水生木의 이치가 발생하여 木이 발생하여 가장 맑고 깨끗하고 선명한 음양오행의 기운이 소유한 문자와 소리가 발생한다는 뜻이다.

"ㅣ어심천합벽지성 병능상수자 이기설전성천변어개구야 역사견인 지삼찬개물이무소불통야(ㅣ於深淺闔闢之聲 並能相隨者 以其舌展聲淺而 便於開口也 亦可見人之參贊開物而無所不通也)**"**

"훈민정음 한글 중성으로 모음의 ㅣ 문자와 소리는 깊고 얕고 열고 닫는 소리에 견주어 서로가 잘 따를 수 있는 자로서 혀가 펴지는 소리로 얕아 입을 벌리기가 편안하고 또한 사람이 만물과 사물이 열리는 것에 직접 참여하고 돕는 것을 옳게 눈으로 보아 일정한 장소에 관계없이 두루 미치고 통하지 않는 곳이 없다."

위 내용은 대우주와 대자연에 존재하는 모든 만물과 사물의 천지인의 이치와 음양의 이치로 훈민정음 한글 중성으로 모음의 ㅣ는 사람이 봄·여름·가을·겨울 사계절 24절기의 이치에 의해 만물의 대표적인 초목이 새봄에 발아되어 푸른 새싹을 돋우고 여름에 튼튼한 줄기와 뼈대를 갖추고 성장하여 긴 여름의 삼복더위에 꽃이 활짝 피어 가을에 단단한 씨앗으로 열매가 달려 풍성하게 수확하는 것에 직접 참여하는 이치로 사람이 만물의 영장으로 생활의 모든 면에 두루 미치고 통하지 않는 곳이 없이 생명을 유지하고 존재하듯이 중성으로 모음의 ㅣ의 문자와 소리가 훈민정음 한글의 모든 문자와 소리에 가장 많이 쓰이고 있는 문자와 소리에 해당하여 특이하게 동서남북의 방향의 이치와 1234567890 숫자의 이치가 존재하지 않아 음양오행의 이치로 중성자로서 음양오행의 이치로 음양오행의 기운이 발생하지 않는 것이 특징으로 모든 문자와 소리에 가장 많이 쓰여 자체적으로 보유한 음양오행이 없다는 이치의 뜻이다.

訣曰

母字之音各有中 須就中聲尋闢闔 洪覃自呑可合用 君業出卽亦可合 欲之與穰戌與彆 各有所從義可推 侵之爲用最居多 於十四聲徧相隨

결왈(訣曰)의 해석

"모자지음각유중 수취중성심벽합 홍담자탄가합용 군업출즉역가합 욕지여양술여별 각유소종의가추 침지위용최거다 어십사성편상수(母字之音各有中 須就中聲尋闢闔 洪覃自呑可合用 君業出卽亦可合 欲之與穰戌與彆 各有所從義可推 侵之爲用最居多 於十四聲徧相隨)"

"어머니에 해당하는 중성으로 모음의 문자와 소리에는 여러 가지가 존재하는데 모름지기 중성으로 모음을 이루는 것을 열고 닫는 것을 찾아 홍(洪) 자의 중성으로 모음의 ㅗ와 담(覃) 자의 중성으로 모음의 ㅏ는 스스로 탄(呑) 자의 ㆍ와 만나 합하여 쓰는 옳고 군(君) 자의 중성으로 모음의 ㅜ와 업(業) 자의 중성으로 모음의 ㅓ가 나타나는 것이 법칙 역시 옳게 합하는 것으로 욕(欲) 자의 중성으로 모음의 ㅛ와 양(穰) 자의 중성으로 모음의 ㅑ와 슐(戌) 자의 중성으로 모음의 ㅠ와 별(彆) 자의 중성으로 모음의 ㅕ도 여러 가지가 존재하여 따르는 뜻을 옳게 알 수가 있으며 침(侵)자의 중성으로 모음의 ㅣ는 쓰는 곳이 가장 많아 14개의 중성으로 모음에 한쪽의 치우쳐 서로가 따르는 것이다.”

위 내용은 대우주와 대자연에 존재하는 모든 만물과 사물의 천지인의 이치와 음양의 이치로 훈민정음 한글 중성으로 모음에도 음양의 소리가 존재한다는 뜻으로 훈민정음 한글 초성·중성·종성으로 자음과 모음이 음양의 합으로 상합자의 이치로 만나 짝하여 완성된 하나의 문자와 소리가 발생하는 이치가 사람이 소유한 꿈과 이상의 목표를 이루는 이치와 동일하다는 뜻으로 중성으로 모음의 ㅓㅗㅚㅐㅟㅔㅛㅑㅠㅖㅙㅞㅒㅖ 14개 문자와 소리가 바로 중성으로 모음이면서 종성이 되는 이치가 발생하여 이 14개의 문자와 소리는 중성으로 모음의 가장 대표적인 ㆍㅡㅣ 3자가 서로 만나 짝하여 형성되는 문자와 소리에도 중성으로 모음의 음양오행의 이치에 따라 음양오행이 존재하여 음양오행의 이치로 음에 해당하나 음변양 양변음의 이치에 따라 파생되어 음양의 합으로 상합자의

이치로 만나 짝하여 발생하는 문자와 소리에는 반드시 음양오행의
생극제화 상생상극의 이치에 따라 기운이 발생한다는 뜻으로 훈민
정음 한글은 자체적으로 보유한 음양오행의 기운작용과 영향을 분
석하는 데 응용하여야 한다는 뜻이다.

제5편

훈민정음 해례본의 종성해(終聲解)

終聲者 承初中而成字韻 如卽字終聲是ㄱ ㄱ居즈終而爲즉 洪字
終聲是ㆁ ㆁ居ᅘ終而爲ᄬ之類 舌脣齒喉皆同 聲有緩急之殊 故
平上去其終聲不類入聲之促急 不淸不濁之字 其聲不厲 故用於
終則宜於平上去 全淸次淸全濁之字 其聲爲厲 故用於終則宜於
入 所以ㆁㄴㅁㅇㄹㅿ六字爲平上去聲之終 而餘皆爲入聲之終也 然
ㄱㆁㄷㄴㅂㅁㅅㄹ八字可足用也 如빗곶爲梨花 엿·의갖爲狐皮 而
ㅅ字可以通用 故只用ㅅ字 且ㅇ聲淡而虛 不必用於終 而中聲可
得成音也 ㄷ如볃爲彆 ㄴ如군爲君 ㅂ如업爲業 ㅁ如땀爲覃 ㅅ如
諺語·옷爲衣 ㄹ如諺語:실爲絲之類 五音之緩急 亦各自爲對 如牙
之ㆁ與ㄱ爲對 而ㆁ促呼則變爲ㄱ而急 ㄱ舒出則變爲ㆁ而緩 舌之
ㄴㄷ 脣之ㅁㅂ 齒之ㅿㅅ 喉之ㅇㆆ 其緩急相對 亦猶是也 且半舌
之ㄹ 當用於諺 而不可用於文 如入聲之彆字 終聲當用ㄷ 而俗習
讀爲ㄹ 蓋ㄷ變而爲輕也 若用ㄹ爲彆之終 則其聲舒緩 不爲入也

"종성자 승초중이성자운 여즉자종성시ㄱ ㄱ거즈종이우즉 홍자종
성ㆁ ㆁ거ᅘ종이위ᄬ지류 설순치후개동(終聲者 承初中而成字韻 如卽字
終聲是ㄱ ㄱ居즈終而爲즉 洪字終聲是ㆁ ㆁ居ᅘ終而爲ᄬ之類 舌脣齒喉皆同)"

"훈민정음 한글 종성으로 자음은 초성으로 자음과 종성으로 모
음을 계승하여 문자와 소리를 이루는데, 즉(卽) 자와 같이 올바른
종성으로 자음은 ㄱ이며 ㄱ이 즈의 끝에 차지하여 즉(卽)이 되고
홍(洪) 자의 올바른 종성으로 자음은 ㆁ이며 ㆁ이 호의 끝에 차지
하여 ᄬ(洪) 자와 비슷한 무리가 되어 혓소리 입술소리 잇소리 목구

멍소리가 모두 똑같다."

　위 내용은 대우주와 대자연에 존재하는 모든 만물과 사물의 천지인의 이치와 음양의 이치로 훈민정음 한글 초성·중성·종성으로 자음과 모음의 종성으로 자음의 소리가 양의 하늘(天)의 초성으로 자음과 음의 땅(地)의 중성으로 모음이 음양의 합으로 상합자의 이치로 만나 짝하여 종성을 이루는 이치가 음양오행의 이치로 양의 하늘(天)의 천간(天干)과 음의 땅(地)의 지지(地支)와 음(陰)의 땅(地) 속의 지장간(地藏干)으로 양의 천간(天干)을 써서 봄·여름·가을·겨울 사계절 24절기의 절후의 '때와 장소의 생활환경이 발생하여 모든 만물과 사물의 사람이나 동식물이나 각종 물류의 세계가 펼쳐져 각각 생왕묘의 이치에 따라 생명을 유지하고 존재하는 이치와 동일하여 훈민정음 한글 초성·중성·종성으로 자음과 모음에는 반드시 음양오행의 기운이 존재하여 음양오행의 생극제화 상생상극의 이치에 따라 순환하여 음양오행의 기운작용이 발생한다는 뜻으로 훈민정음 한글 초성·중성·종성으로 자음과 모음이 음양의 합으로 상합자의 이치로 만나 짝하여 완성되는 문자와 소리를 음양오행의 생극제화 상생상극의 이치로 분석하면 즉(卽) 자는 초성으로 자음의 음양오행으로 金의 ㅈ에 중성으로 모음의 음양오행으로 土의 ㅡ에 종성으로 자음의 음양오행으로 木의 ㄱ이 음양오행의 생극제화 상생상극의 이치로 土生金 金剋木의 이치가 발생하여 최종적으로 金이 강하게 발생하는 문자와 소리가 되고 또 홍(洪) 자는 초성으로 자음의 음양오행으로 水의 ㅎ ㆅ에 중성으로 모음의 음양오행으로 水의 ㅗ와 종성으로 모음의 음양오행으로 水의 ㅇ이 음양의 합으로 상합자의 이치로 만나 짝하여 하나의 완성된 문자와 소리는 모두가 水로 자체적으로 보유한 음양오행의 생극제화 상생상극의 이치가 발생하지 않아 최종적으로 水가 강하게 발생하는 문자와 소리로 혓소리 입술소리 잇소리 목구멍소리가 모두 똑같이 음양오행의 생극제화 상생상극의 이치가 발생한다는 뜻이다.

"성유완급지수 고평상거기종불류인성지촉급 불청불탁지자 기성불려 고용어종칙의어평상거 전청차청전탁지자 기성위려 고용어종칙의어인(聲有緩急之殊 故平上去其終聲不類入聲之促急 不清不濁之字 其聲不厲 故用於終則宜於平上去 全清次清全濁之字 其聲爲厲 故用於終則宜於入)**"**

소리에는 끊어지는 느리고 빠른 소리가 존재하여 본래 평성의 온화하게 가장 낮은 소리와 상성의 시작은 낮으나 끝이 높은 소리와 거성의 가장 높은 소리는 종성으로 입성의 빠르게 끝을 막는 매우 급한 소리와 비슷한 것이 아니며 맑고 깨끗하고 탁하고 흐린 문자는 그 소리가 엄하고 괴롭지 않아 본래 종성에 쓰면 평성의 가장 낮거나 상성의 시작은 낮으나 끝이 높거나 거성의 가장 높은 소리가 되는 것이 법칙으로 온전하게 맑고 깨끗한 문자와 그 다음으로 맑고 깨끗한 문자나 온전하게 탁하고 흐린 문자는 그 소리가 엄하고 괴롭게 되어 본래 종성에 쓰이면 입성의 빠르게 끝을 막는 소리가 되는 것이 법칙이다."

위 내용은 대우주와 대자연에 존재하는 모든 만물과 사물의 천지인의 이치와 음양의 이치로 훈민정음 한글 초성·중성·종성으로 자음과 모음의 종성으로 자음에는 음양의 이치에 따라 소리가 양의 맑고 깨끗하고 음의 흐리고 탁한 소리로 구분되는 이치가 종성으로 자음에 의해 음양의 높고 낮은 소리가 존재하는 동시에 봄·여름·가을·겨울 사계절의 이치와 음양오행의 이치로 여름의 火인 양중양의 이치로 상성은 시작은 낮으나 끝이 높은 소리와 봄의 木인 양중음의 이치로 평성은 가장 낮은 소리와 겨울의 水인 음중음의 이치로 입성은 빠르게 끝을 막는 소리와 가을의 金은 음중양의 이치로 거성은 가장 높은 소리가 되는 것이 대우주와 대지연에 존재하는 봄·여름·가을·겨울 사계절의 이치에 따라 만물과 사물의 가장 대표적인 초목이 생왕묘의 이치에 따라 하늘과 땅의 음양(水火)의 조화에 의해 木의 봄에 초목이 새싹을 발아되어 새싹이 돋아 성장하여 金의 가을에 단단한 씨앗을 풍성하게 결실하는 이치에 따라 구분되며 음양의 이치로 상성은 火, 입성은 水로 음양의 조화와 균형을 이루고 중화를 이루는 이치이며 평성은 木, 거성의 金은 초목에 의해 단단한 씨앗을 풍성하게 결실하는 이치와 동일한 뜻으로 소리에 따라 문자도 음양의 이치로 양의 맑고 깨끗한 문자와 음의 탁하고 흐린 문자가 발생하여 종성으로 자음에 의해 모든 문자의 소리가 음양의 조화와 균형을 이루고 중화를 이루는 이치가 발생한다는 뜻이다.

"소이ㅇㄴㅁㅇㄹㅿ육자위평상거성지종 이여개위입성지종 연ㄱㅇㄷ
ㄴㅂㅁㅅㄹ팔자가족용야야(所以ㅇㄴㅁㅇㄹㅿ六字爲平上去聲之終 而餘皆爲
入聲之終也 然ㄱㅇㄷㄴㅂㅁㅅㄹ八字可足用也)"

"그러므로 ㅇㄴㅁㅇㄹㅿ의 6자가 평성의 가장 낮은 소리 상성의
시작은 낮으나 끝이 높은 소리 거성의 가장 높은 소리의 종성이 되
고 나머지는 모두 입성의 빠르게 끝을 막는 소리의 종성이 되기 때
문에 그리하여 ㄱㅇㄷㄴㅂㅁㅅㄹ 8자로 만족하고 사용할 수가 있
다."

위 내용은 대우주와 대자연에 존재하는 모든 만물과 사물의 천
지인의 이치와 음양의 이치로 훈민정음 한글 초성·중성·종성으로
자음과 모음이 음양의 합으로 상합자의 이치로 만나 짝하여 완성
된 문자의 소리를 종성으로 자음을 통하여 음양의 조화와 균형을
이루고 중화를 이루는 동시에 음양오행의 기운이 막히지 않고 흐
르는 순환상생의 이치가 발생하여 가장 맑고 깨끗하고 선명한 소
리가 발생하도록 만들었다는 뜻으로 음양오행의 생극제화 상생상
극의 이치에 따라 훈민정음 한글은 자체적으로 보유한 음양오행의
기운이 발생하는 음양오행의 상생상극의 이치에 따라 가장 맑고
깨끗하고 선명하고 강한 음양오행의 기운이 발생한다는 뜻이다.

"여빗곶위이화 엿의갖위호피 이ㅅ자가이통용 고지용ㅅ자 차ㅇ성
담이허 불필용어종 이중성가득성음야(如빗곶爲梨花 엿의갖爲弧皮 而ㅅ
字可以通用 故只用ㅅ字 且ㅇ聲淡而虛 不必用於終 而中聲可得成音也)"

"'빗곶'은 배꽃이 되고 '엿의갖'은 여우의 가죽이 되듯 ㅅ자를 써서 옳게 통하기 때문에 본래 ㅅ자만 쓰는 것이며 또 ㅇ은 맑고 담백하면서 맑고 공허한 소리로 종성에 쓰지 않아도 중성만으로 소리를 이루는 것을 옳게 얻기 때문이다."

위 내용은 대우주와 대자연에 존재하는 모든 만물과 사물의 천지인의 이치와 음양의 이치로 훈민정음 한글 초성·중성·종성으로 자음과 모음의 음양오행의 생극제화 상생상극의 이치로 '빗곶'의 '빗' 자는 초성으로 자음의 음양오행으로 土의 ㅂ에 중성으로 모음의 음양오행으로 음양오행이 없는 ㅣ와 종성으로 자음의 음양오행으로 金의 ㅅ이 음양의 합으로 상합자의 이치로 만나 짝하여 하나의 완성된 문자와 소리가 자체적으로 보유한 음양오행의 생극제화 상생의 이치로 土生金의 이치가 발생하여 최종적으로 金이 강하게 발생하는 문자와 소리가 되고 또 '곶' 자는 초성으로 자음의 음양오행으로 木의 ㄱ에 중성으로 모음의 음양오행으로 水의 ㅗ에 종성으로 자음의 음양오행으로 金의 ㅈ이 음양의 합으로 상합자의 이치로 만나 짝하여 완성된 문자와 소리가 자체적으로 보유한 음양오행의 생극제화 상생의 이치로 金生水 水生木의 이치가 발생하여 최종적으로 木이 강하게 발생하는 문자와 소리가 되나 '빗곶' 자는 종합적으로 보유한 음양오행의 생극제화 상극의 이치로 金木으로 金尅木의 이치가 발생하여 최종적으로 金이 강하게 발생하는 문자와 소리가 되어 가을 배나무에 단단한 열매를 결실하는 뜻으로 지금의 배나무 꽃(梨花)이며 또 '엱의갖' 자는 훈민정음 한글 초성·중성·종성으로 자음과 모음의 음양오행으로 '엱' 자는 초성으로 자음의 음양오행으로 水의 ㅇ에 중성으로 모음의 음양오행으로 木의 ㅕ에 종성으로 자음의 음양오행으로 金의 ㅿ(ㅅ)이 음양의 합으로 상합자의 이치로 만나 짝하여 하나의 완성된 문자와 소리가 자체적으로 보유한 음양오행의 생극제화 상생의 이치로 金生水 水生木의 이치가 발생하여 최종적으로 木이 강하게 발생하는 문자와 소리가 되고 '의' 자는 초성으로 자음의 음양오행으로 水의 ㅇ에 중성·종성으로 모음의 음양오행으로 土의 ㅢ가 음양의 합으로 상합자의 이치로 만나 짝하여 하나의 완성된 문자와 소리가 자체적으로 보유한 음양오행의 생극제화 상극의 이치로 土헌水의 이치가 발생하여 최종적으로 土가 강하게 발생하는 문자와 소리가 되고 '갖' 자는 초성으로 자음의 음양오행으로 木의 ㄱ에 중성으로 모음의 음양오행으로 木의 ㅏ에 종성으로 자음의 음양오행으로 金의 ㅊ이 음양의 합으로 상합자의 이치로 만나 짝하여 하나의 완성된 문자와 소리가 자체적으로 보유한 음양오행의 생극제화 상극의 이치로 金헌木의 이치가 발생하나 최종적으로 木이 강하여 목다목절(木多金缺)의 이치가 발생하여 木이 강하게 발생하는 문자와 소리가 되나 '엱의갖' 자가 종합적으로 보유한 음양오행의 이치로 木土金으로 음양오행의 생극제화 상생상극의 이치로 土生金 金헌木의 이치가 발생하여 최종적으로 金이 강하게 발생하는 문자와 소리가 되어 신체로는 피부에 해당하여 현재의 가죽(狐皮)으로 음양오행으로 金의 ㅿㅅ을 올바르게 쓰이는 뜻으로 여우가죽이 되고 훈민정음 한글 초성·중성·종성으로 자음의 음양오행으로 水의 ㅇ은 만물과 사물의 이치로 물에 해당하여 물은 땅속이나 땅위나 사람의 몸속의 모든 곳에 두루 통하지 않는 곳이 없는 이치로 종성에 쓰지 않아도 중성으로 소리를 얻을 수 있다는 뜻이다.

"ㄷ여변위별 ㄴ여군위군 ㅂ여업위업 ㅁ여땀위담 ㅅ여언어옷위야 ㄹ여언어실위사지류(ㄷ如볃爲彆 ㄴ如군爲君 ㅂ如업爲業 ㅁ如땀爲覃 ㅅ如諺語·옷爲衣 ㄹ如諺語실爲絲之類)**"**

"훈민정음 한글 종성으로 ㄷ은 '볃'이 '별(彆)'이 되는 것과 같고 ㄴ은 '군'이 '군(君)'이 되는 것과 같고 ㅂ은 '업'이 '업(業)'이 되는 것과 같고 ㅁ은 '땀'이 '담(覃)'이 되는 것과 같고 ㅅ은 속어로 '·옷'의 '옷'이 되는 것과 같고 ㄹ은 속어로 '실'이 되어 '사(絲)'와 같은 무리가 된다."

위 내용은 대우주와 대자연에 존재하는 모든 만물과 사물의 천지인의 이치와 음양의 이치로 훈민정음 한글 초성·중성·종성으로 자음과 모음의 음양오행의 생극제화 상생상극의 이치로 ㄷ은 '볃'의 '별(彆)' 자는 초성으로 자음의 음양오행은 土의 ㅂ에 중성으로 모음의 음양오행은 木의 ㅕ에 종성으로 자음의 음양오행으로 火의 ㄷ(ㄹ)이 음양의 합으로 상합자의 이치로 만나 짝하여 완성된 문자와 소리가 자체적으로 보유한 음양오행의 생극제화 상생의 이치로

木生火 火生土의 이치가 발생하여 최종적으로 土가 강하게 발생하는 문자와 소리가 되고 또 ㄴ의 '군(君)' 자는 초성으로 자음의 음양오행으로 木의 ㄱ에 중성으로 모음의 음양오행으로 火의 ㅜ에 종성으로 자음의 음양오행으로 火의 ㄴ이 음양의 합으로 상합자의 이치로 만나 짝하여 완성된 문자와 소리가 자체적으로 보유한 음양오행의 생극제화 상생의 이치로 木生火의 이치가 발생하여 최종적으로 火가 강하게 발생하는 문자와 소리가 되고 또 ㅂ의 '업(業)' 자는 초성으로 자음의 음양오행으로 水의 ㅇ에 중성으로 모음의 음양오행으로 金의 ㅓ에 종성으로 자음의 음양오행으로 土의 ㅂ이 음양의 합으로 상합자의 이치로 만나 짝하여 완성된 문자와 소리로 자체적으로 보유한 음양오행의 생극제화 상생의 이치로 土生金 金生水의 이치가 발생하여 최종적로 水가 강하게 발생하는 문자와 소리가 되고 또 ㅁ은 '땀'의 '담(覃)' 자는 초성으로 자음의 음양오행으로 火의 ㄷ에 중성으로 모음의 음양오행으로 木의 ㅏ에 종성으로 자음의 음양오행으로 土의 ㅁ이 음양의 합으로 상합자의 이치로 만나 짝하여 완성된 문자와 소리가 자체적으로 보유한 음양오행의 생극제화 상생의 이치로 木生火 火生土의 이치가 발생하여 최종적으로 土가 강하게 발생하는 문자와 소리가 되고 또 ㅅ의 '·옷' 자는 점(·)이 하나로 거성의 가장 높은 소리로 '옷(衣)' 자는 초성으로 자음의 음양오행으로 水의 ㅇ에 중성으로 모음의 음양오행으로 水의 ㅗ에 종성으로 자음의 음양오행으로 金의 ㅅ이 음양

의 합으로 상합자의 이치로 만나 짝하여 완성된 문자와 소리로 자체적으로 보유한 음양오행의 생극제화 상생의 이치로 金生水의 이치가 발생하여 최종적으로 水가 강하게 발생하는 문자와 소리가 되고 또 ㄹ은 '실'의 '사(絲)' 자는 초성으로 자음의 음양오행으로 金의 ㅅ에 중성으로 모음의 음양오행으로 음양오행이 없는 ㅣ에 종성으로 자음의 음양오행으로 火의 ㄹ이 음양의 합으로 상합자의 이치로 만나 짝하여 완성된 문자와 소리로 자체적으로 보유한 음양오행의 생극제화 상극의 이치로 火剋金의 이치가 발생하여 최종적으로 火가 강하게 발생하는 문자와 소리의 훈민정음 한글이 발생한다는 뜻이다.

"오음지완급 역각자위대 여아지ㆁ여ㄱ위대 이ㆁ촉호칙변위ㄱ이급 ㄱ서출칙변위ㆁ이완(五音之緩急 亦各自爲對 如牙之ㆁ與ㄱ爲對 而ㆁ促呼則變爲ㄱ而急 ㄱ舒出則變爲ㆁ而緩)**"**

"다섯 가지 소리의 급하고 느린 소리 또한 각기 스스로 짝하여 어금닛소리는 ㆁ과 ㄱ이 짝하여 ㆁ을 재촉하여 부르면 변하는 것이 법칙으로 ㄱ은 빠르고 ㄱ이 느리게 나타나면 ㆁ은 느리게 변하는 것이 법칙이다."

위 내용은 대우주와 대자연에 존재하는 모든 만물과 사물의 천지인의 이치와 음양의 이치로 훈민정음 한글 다섯 가지 소리인 어금닛소리, 혓소리, 입술소리, 잇소리, 목구멍소리가 음양의 음변양 양변음의 이치로 빠른 것은 느리게 변하고 느린 것은 빠르게 변하는 것이 법칙으로 음양오행의 기운의 순환작용이 존재하여 우리가 말로서 부르거나 쓰고 기록하는 경우에 반드시 가장 맑고 깨끗하고 선명한 음양오행의 기운이 발생한다는 뜻으로 음양오행의 이치로 木의 어금닛소리의 ㅇㄱ은 나무(木)의 기운, 성품, 성질, 성향, 유형으로 순하고 연약한 것을 보유한 뜻으로 이금닛소리에도 음양의 이치로 파생되어 빠르고 느린 소리가 담겨져 있다는 뜻이다.

"설지ㄴㄷ 순지ㅁㅂ 치지△ㅅ 후지ㅇㅎ 기완급상대 역유시야 차반설지ㄹ 당용어언 이불가어문 여입성지별자 종성당용ㄷ 이속습독위ㄹ 개ㄷ변이위경야 약용ㄹ위별지종 칙기성서완 불위입야(舌之ㄴㄷ 脣之ㅁㅂ 齒之△ㅅ 喉之ㅇㅎ 其緩急相對 亦猶是也 且半舌之ㄹ 當用於諺 而不可用於文 如入聲之彆字 終聲當用ㄷ 而俗習讀爲ㄹ 盖ㄷ變而爲輕也 若用ㄹ爲彆之終 則其聲舒緩 不爲入也)"

"혓소리의 ㄴㄷ, 입술소리의 ㅁㅂ, 잇소리의 △ㅅ, 목구멍소리의 ㅇㅎ은 느리고 빠른 것이 서로가 짝이 되는 것 또한 똑같고 또 반혓소리의 ㄹ은 속어로 우리나라 말에 마땅히 사용하지만 한문에는 사용하지 않아 입성의 빠르게 끝을 막는 소리와 같은 '별(彆)' 자는 종성으로 자음에 당연이 ㄷ을 쓰고 풍습에 따라 읽는 소리는 ㄹ로 읽는 것은 소리를 맞추기 위해 ㄷ이 변해서 가벼운 소리가 되어 만약 ㄹ을 '별(彆)' 자의 종성으로 자음이 되어 그 소리가 느리고 느슨하여 입성의 빠르게 끝을 막는 소리가 되지 못한다."

위 내용은 대우주와 대자연에 존재하는 모든 만물과 사물의 천

지인의 이치와 음양의 이치로 훈민정음 한글의 혓소리 입술소리 잇소리 목구멍소리가 느리고 빠른 소리가 음양의 합으로 상합자의 이치로 만나 짝하여 완성되는 문자와 소리에 대한 정확성을 높이기 위한 뜻으로 반잇소리의 ㄷ이 ㄹ로 변화되어 음양의 빠르고 느린 소리가 발생한다는 뜻으로 ㄴㄷㄹㅌ은 모두가 음양오행의 이치로 火의 혓소리가 되어 양의 상성의 시작은 낮으나 끝이 높은 소리가 되지 음인 水의 입성인 빠르게 끝을 막는 소리가 될 수가 없다는 뜻으로 초성으로 자음은 절대로 음양오행의 변화가 발생하지 않는다는 뜻이다.

訣曰

不淸不濁用於終　爲平上去不爲入　全淸次淸及全濁　是皆爲
入聲促急　初作終聲理固然　只將八字用不窮　唯有欲聲所
當處　中聲成音亦可通　若書卽字終用君　洪彆亦以業斗終
君業覃終又何如　以那彆彌次第推　六聲通乎文與諺　戌閭
用於諺衣絲五音緩急各自對　君聲迺是業之促　斗彆聲緩爲
那彌　穰欲亦對戌與挹　閭宜於諺不宜文　斗輕爲閭是俗習

결왈(訣曰)의 해석

"불청불탁어용종 위평상거불위입 전청차청급전탁 시개위입성촉급 초작종성리고연 지장팔자용불궁 유유욕성소당처 중성성음역가

통(不淸不濁用於終　爲平上去不爲入　全淸次淸及全濁　是皆爲入聲促急　初作終

聲理固然 只將八字用不窮 唯有欲聲所當處 中聲成音亦可通）"

"맑고 깨끗하지 않거나 흐리고 탁하지 않는 것을 종성에 써서 평성의 가장 낮은 소리와 상성의 시작은 낮으나 끝이 높은 소리와 거성의 가장 높은 소리가 되나 입성의 빠르게 끝을 막는 소리는 되지 못해 온전하게 맑고 깨끗하거나 그 다음으로 맑고 깨끗하거나 온전하게 탁하고 흐린소리는 모두 입성의 빠르게 끝을 막는 소리가 되어 초성으로 종성을 만드는 이치가 한결같아 8자를 써도 궁하지 않아 일정한 장소에서 소리를 내고자하는 욕심이 있어도 중성으로 소리를 이루어 옳게 통한다."

"약서즉자종용군 홍별성역이업두종 군업담종우하여 이나별미차 제추 육성통호문여언 술려용어언의사 오음완급각자대 군성내시업 지촉 두별성완위나미 양욕역대술여읍 려의어언불의문 두경위려시 속습(若書卽字終用君 洪彆亦以業斗終 君業覃終又何如 以那彆彌次第推 六聲 通乎文與諺 戌閭用於諺衣絲 五音緩急各自對 君聲洒是業之促 斗彆聲緩爲那彌 禳欲亦對戌與挹 閭宜於諺不宜文 斗輕爲閭是俗習）"

"만약 '즉(卽)' 자를 글씨로 쓰면 '군(君)' 자의 초성으로 자음의 ㄱ이 종성이 되고 '홍(洪)' 자는 '업(業)' 자의 초성으로 자음의 ㅇ이 종성이 되고 '별(彆)' 자 역시 '두(斗)' 자의 초성으로 지음의 ㄷ이 종성이 되고 '군(君)' 자는 '나(那)' 자의 초성으로 자음의 ㄴ이 종성이 되고 '업(業)' 자는 '별(彆)' 자의 초성으로 자음의 ㅂ이 종성이 되고 '담(覃)' 자는 '미(彌)' 자의 초성으로 자음의 ㅁ이 종성이 되듯이 옳게 차례대로 이어가는 여섯 가지 소리가 속어의 우리나라 말과 한자에 탈이 없이 통하기 때문에 질서정연하게 문으로 통하듯 '술(戌)' 자의 초성으로 자음의 ㅅ과 '려(閭)' 자의 초성으로 자음의 ㄹ이 속어로 우리나라 말의 '옷(衣)' 자의 종성으로 ㅅ으로 사용하고 '실(絲)' 자의 종성으로 ㄹ을 사용하여 다섯 가지 소리가 빠르고 느리게 각자가 스스로 짝하여 군'(君)' 자의 초성으로 자음의 ㄱ이나 '업(業)' 자의 초성으로 자음의 ㅇ은 소리가 오히려 급한 것이 옳고 '두(斗)' 자의 초성으로 자음의 ㄷ과 '별(彆)' 자의 초성으로 자음의 ㅂ이 느슨하고 느린 소리가 되어 '나(那)' 자의 초성으로 자음의 ㄴ과 '미(彌)' 자의 초성으로 자음의 ㅁ이 짝이 되고 '양(穰)' 자의 초성으로 자음의 ㅿ과 '욕(欲)' 자의 초성으로 자음의 ㅇ 역시 '술(戌)' 자의 초성으로 자음의 ㅅ과 '읍(挹)' 자의 초성으로 자음의 ㆆ이 짝이 되는데 '려(閭)' 자의 초성으로 자음의 ㄹ은 마땅히 속어의 우리나라 말로서 한문에는 쓰지 않으며 '두(斗)' 자의 초성으로 자음의 ㄷ은 가벼워 려(閭) 자의 초성으로 자음의 ㄹ이 되는 것은 풍속에 따라 만들어진다."

위 내용은 대우주와 대자연에 존재하는 모든 만물과 사물의 천지인의 이치와 음양의 이치로 훈민정음 한글 초성·중성·종성으로 자음과 모음이 음양의 합으로 상합자의 이치로 만나 짝하여 완성된 문자와 소리가 가장 맑고 깨끗하고 선명한 소리가 발생하도록 초성으로 자음에 중성으로 모음과 중성으로 자음을 써서 훈민정음 한글의 문자와 소리가 음양의 이치로 서로가 조화와 균형을 이루고 중화를 이루는 동시에 음양의 합으로 순환상생의 이치가 끊임없이 발생하여 수없이 많은 문자와 소리가 발생하는 이치가 존재한다는 뜻으로 문자와 소리로서 누구나 소유한 꿈과 이상을 표현하여 목적을 달성한다는 뜻이다.

제6편

『훈민정음 해례본』 합자해(合字解)

初中終三聲, 合而成字. 初聲或在中聲之上, 或在中聲之左. 如君字
ㄱ在ㅜ上, 業字ㆁ在ㅓ左之類. 中聲則圓者橫者在初聲之下, ·ㅡㅗ
ㅛㅜㅠ是也. 縱者在初聲之右, ㅣㅏㅑㅓㅕ是也. 如呑字·在ㅌ下, 卽
字ㅡ在ㅈ下, 侵字ㅣ在ㅊ右之類. 終聲在初中之下. 如君字ㄴ在구下
, 業字ㅂ在어下之類. 初聲二字三字合用並書, 如諺語·짜爲地, 짝
爲隻, ·쁨爲隙之類. 各自並書, 如諺語·혀爲舌而·혀爲引, 괴·여爲我
愛人而괴·여爲人愛我, 소·다爲覆物而쏘·다爲射之之類. 中聲二字
三字合用, 如諺語·과爲琴柱, ·홰爲炬之類. 終聲二字三字合用, 如
諺語훍爲土, ·낛爲釣, 둙·빼爲酉時之類. 其合用並書, 自左而右, 初
中終三聲皆同. 文與諺雜用則有因字音而補以中終聲者, 如孔子ㅣ
魯ㅅ:사름之類. 諺語平上去入, 如활爲弓而其聲平, :돌爲石而其聲
上, ·갈爲刀而其聲去, ·붇爲筆而其聲入之類. 凡字之左, 加一點爲
去聲, 二點爲上聲, 無點爲平聲. 而文之入聲, 與去聲相似. 諺之
入聲無定, 或似平聲, 如긷爲柱, 녑爲脅. 或似上聲, 如:낟爲穀, :깁
爲繒. 或似去聲, 如·몯爲釘, ·입爲口之類. 其加點則與平上去同. 平
聲安而和, 春也, 萬物舒泰. 上聲和而擧, 夏也, 萬物漸盛. 去聲擧
而壯, 秋也, 萬物成熟. 入聲促而塞, 冬也, 萬物閉藏. 初聲之ㆆ與
ㅇ相似, 於諺可以通用也. 半舌有輕重二音. 然韻書字母唯一, 且國
語雖不分輕重, 皆得成音. 若欲備用, 則依脣輕例, ㅇ連書ㄹ下, 爲
半舌輕音, 舌乍附上月腭. ·ㅡ起ㅣ聲, 於國語無用. 兒童之言, 邊野
之語, 或有之, 當合二字而用, 如긱긡之類. 其先縱後橫, 與他不同.

"초중종삼성 합이성자 초성혹재중성지상 혹재중성지좌 여군

자ㄱ재ㅜ상 업자ㅇ재ㅓ좌류(初中終三聲 合而成字 初聲或在中聲之上 或在 中聲之左 如君字ㄱ在ㅜ上 業字ㅇ在ㅓ左之類)**"

"훈민정음 한글 초성·중성·종성으로 자음과 모음의 3개의 소리 가 합하여 문자를 이루는데 초성으로 자음은 중성으로 모음의 위쪽에 늘 존재하거나 중성으로 모음의 왼쪽에 늘 존재하는데 '군(君)' 자는 초성으로 자음의 ㄱ이 중성으로 모음인 ㅜ의 위쪽에 존재하고 '업(業)' 자는 초성으로 자음의 ㅇ이 중성으로 모음의 ㅓ의 왼쪽에 존재하는 것과 같은 종류다."

위 내용은 대우주와 대자연에 존재하는 모든 만물과 사물의 천지인의 이치와 음양의 이치로 하늘과 땅과 사람을 뜻하는 동시에 음양오행의 이치로 양의 천간(天干)과 음(陰)의 지지(地支)와 양(陽)의 지장간(地藏干)을 뜻하며 또한 만물과 사물의 사람이나 동식물이나 각종 물류의 생왕묘의 이치를 뜻하고 또한 가장 대표적인 초목이 새봄에 발아되어 푸른 새싹을 돋고 태어나 뜨거운 여름에 튼튼한 뼈대의 줄기를 갖추고 성장하여 무더운 삼복더위에 왕성하게 꽃이 피어 단단한 씨앗을 풍성하게 결실한 후에 차가운 서리에 오색단풍이 들어 죽으나 그 결실한 씨앗의 생명은 추운 겨울에 동결되어 생명을 저장하고 보호받아 새봄에 다시 발아되어 태어나 새싹을 돋는 뜻이며 사계절의 이치로 봄·여름·가을·겨울이 끊임없이 순환상생하며 24절기가 끊임없이 발생하여 우리가 살아가는 '때와 장소'의 생활환경이 발생하는 이치와 동일한 뜻이며 음양오행의 생

극제화 이치로 양의 하늘(天)과 음의 땅(地)이 음양의 합으로 상합
자의 이치가 발생하여 음양오행의 생극제화 상생상극의 이치에 따
라 훈민정음 한글 초성·중성·종성으로 자음과 모음의 음양오행으
로 '군(君)' 자는 음양오행의 이치로 초성으로 자음의 음양오행으로
木의 ㄱ에 중성으로 모음의 음양오행으로 火의 ㅜ에 종성으로 자
음의 음양오행으로 火의 ㄴ이 음양의 합으로 상합자의 이치로 만나
짝하여 완성된 문자와 소리가 자체적으로 보유한 음양오행의 생극
제화 상생의 이치로 木生火의 이치가 발생하여 최종적으로 火가
강하게 발생하는 문자와 소리이며 '업(業)' 자는 음양오행의 이치로
초성으로 자음의 음양오행으로 木의 ㆁ에 중성으로 모음의 음양오
행으로 金의 ㅓ에 종성으로 자음의 음양오행으로 土의 ㅂ이 음양
의 합으로 상합자의 이치로 만나 짝하여 완성된 문자와 소리가 자
체적으로 보유한 음양오행의 생극제화 상생상극의 이치로 土生金
金剋木의 이치가 발생하여 최종적으로 金이 강하게 발생하는 문자
와 소리가 된다는 뜻이다.

**"중성칙원자횡자재초성지하 ·ㅡㅗㅛㅜㅠ시 종자재초성지우 ㅣㅏ
ㅑㅓㅕ시야 여탄자·재ㅌ하 즉자ㅡ재ㅈ하 침자ㅣ우지류 종성재초중지
하 여군지ㄴ재구하 업자ㅂ재어하지류**(中聲則圓者橫者在初聲之下 ·ㅡㅗ
ㅛㅜㅠ是也 縱者在初聲之右 ㅣㅏㅑㅓㅕ是也 如吞字·在ㅌ下 卽字ㅡ在ㅈ下 侵字ㅣ
在ㅊ右之類 終聲在初中之下 如君字ㄴ在구下 業字ㅂ在어下之類)**"**

"훈민정음 한글 중성으로 모음의 둥근 자와 가로로 된 자의 ·ㅡ

ㅗㅛㅜㅠ는 초성으로 자음의 아래쪽에 존재하는 것이 법칙이며 세로로 길게 늘어진 자의 ㅣㅏㅑㅓㅕ는 초성으로 자음의 오른쪽에 존재하는 것이 옳은 것으로 '툰(呑)' 자의 중성으로 모음의 ㆍ는 초성으로 자음인 ㅌ의 아래쪽에 존재하고 '즉(卽)' 자의 중성으로 모음의 ㅡ는 초성으로 자음인 ㅈ의 아래쪽에 존재하고 '침(侵)' 자는 중성으로 모음의 ㅣ는 초성으로 자음인 ㅊ의 오른쪽에 존재하는 비슷한 종류이며 종성으로 자음은 초성·중성으로 자음과 모음의 아래쪽에 존재하여 '군(君)' 자의 종성으로 자음의 ㄴ이 초성·중성으로 자음과 모음에 의한 음양의 합으로 상합자의 이치로 만나 짝하여 완성된 '구' 자의 아래쪽에 존재하고 '업(業)' 자는 종성으로 자음의 ㅂ이 초성·중성으로 자음과 모음이 음양의 합으로 상합자의 이치로 만나 짝하여 완성된 '어' 자의 아래쪽에 존재하는 비슷한 종류와 같다."

위 내용은 대우주와 대자연에 존재하는 모든 만물과 사물의 천지인의 이치와 음양의 이치로 양의 하늘(天)과 음의 땅(地)과 중성자의 사람(人)이 서로가 만나 양의 초성으로 자음에 의해 음의 중성으로 모음이 음양의 합의 상합자의 이치로 만나 짝하여 하나의 문자와 소리가 발생하는 이치로 봄·여름·가을·겨울 사계절의 이치로 양의 천간(天干)에 의해 음(陰)의 땅 지지(地支)와 땅속의 양(陽)의 지장간(地藏干)에 의해 땅에서 봄·여름·가을·겨울이 끊임없이 발생하면서 음양의 조화와 균형을 이루고 중화를 이루는 이치에 의해 24절기가 끊임없이 발생하는 이치 속에서 이 세상에 존재하는 만물과 사물의 대표적인 초목의 정해진 생왕묘의 이치가 발생하는 동시에 음양오행의 이치로 훈민정음 한글 중성으로 모음도 음양오행의 기운이 작용하여 영향이 발생한다는 뜻으로 음양오행의 생극제화 상생상극의 이치로 훈민정음 한글 초성·중성·종성으로 자음과 모음의 음양오행으로 '튼(呑)' 자는 초성으로 자음의 음양오행으로 火의 ㅌ에 중성으로 모음의 음양오행으로 土의 ㆍ에 종성으로 자음의 음양오행으로 火의 ㄴ이 음양의 합으로 상합자의 이치로 만나 짝하여 완성된 문자와 소리가 자체적으로 보유한 음양오행의 생극제화 상생의 이치로 火生土의 이치가 발생하여 최종적으로 土가 강하게 발생하는 문자와 소리가 되고 '즉(卽)' 자는 초성으로 자음의 음양오행으로 金의 ㅈ에 중성으로 모음의 음양오행으로 土의 ㅡ에 종성으로 자음의 음양오행으로 木의 ㄱ이 음양의 합으로 상합자의 이치로 만나 짝하여 완성된 문자와 소리가 자체적으로 보유한 음양오행의 생극제화 상극의 이치로 木剋土의 이치가 발생하나 최종적으로 土가 강하여 토다목절(土多木折)의 이치가 발생하여 土가 강하게 발생하는 문자와 소리가 되고 '침(侵)' 자는 초성으로 자음의 음양오행으로 金의 ㅊ에 중성으로 모음의 음양오행으로 음양오행이 존재하지 않는 ㅣ에 종성으로 자음의 음양오행으로 土의 ㅁ이 음양의 합으로 상합자의 이치로 만나 짝하여 완성된 문자와 소리가 자체적으로 보유한 음양오행의 생극제화 상생의 이치로

土生金의 이치가 발생하여 최종적으로 金이 강하게 발생하는 문자와 소리가 되고 '군(君)' 자는 초성으로 자음의 음양오행으로 木의 ㄱ에 중성으로 모음의 음양오행으로 火의 ㅜ에 종성으로 자음의 음양오행으로 火의 ㄴ이 음양의 합으로 상합자의 이치로 만나 짝하여 완성된 문자와 소리가 자체적으로 보유한 음양오행의 생극제화 상생의 이치로 木生火의 이치가 발생하여 최종적으로 火가 강하게 발생하는 문자와 소리가 되고 '업(業)' 자는 초성으로 자음의 음양오행으로 木의 ㅇ에 중성으로 모음의 음양오행으로 金의 ㅓ에 종성으로 자음의 음양오행으로 土의 ㅂ이 음양의 합으로 상합자의 이치로 만나 짝하여 완성된 문자와 소리가 자체적으로 보유한 음양오행의 생극제화 상생상극의 이치로 土生金 金剋木의 이치가 발생하여 木이 강하나 최종적으로 土가 강하여 토다목절(土多木折)의 이치가 발생하여 최종적으로 土가 강하게 발생하는 문자와 소리가 발생한다는 이치가 담겨 있다는 뜻이다.

"초성이자삼자합용병서 여언어·짜위지 딱위척 ·뽐위극지류(初聲二字三字合用並書 如諺語·짜爲地 딱爲隻 ·뽐爲隙之類)**"**

"훈민정음 한글 초성으로 자음이 2자나 3자를 합하여 글씨를 나란히 쓰는 속어로 '·짜' 자는 땅이 되고 '딱' 자는 짝이 되고 '·뽐' 자는 틈이 되는 것과 비슷한 종류다."

위 내용은 대우주와 대자연에 존재하는 모든 만물과 사물의 천지인의 이치와 음양의 이치로 양의 하늘(天)의 뜻에 의해 음의 땅(

地)에 봄·여름·가을·겨울 사계절이 발생하는 '때와 장소'의 그 생활
환경에 중성자의 사람(人)이 순응하고 적응하며 생명을 유지하고
존재하는 이치가 담겨진 뜻으로 훈민정음 한글 초성·중성·종성으
로 자음과 모음의 음양오행으로 '·짜' 자는 점(·)이 하나로 거성의
가장 높은 소리로 초성으로 자음의 음양오행으로 金의 ㅅ과 火의
ㄷ에 중성으로 모음의 음양오행으로 木의 ㅏ가 음양의 합으로 상합
자의 이치로 만나 짝하여 완성된 문자와 소리가 자체적으로 보유
한 음양오행의 생극제화 상생상극의 이치로 木生火 火剋金의 이치
가 발생하여 최종적으로 火가 강하게 발생하는 문자와 소리가 되
고 '빡' 자는 초성으로 자음의 음양오행으로 土의 ㅂ과 金의 ㅈ에
중성으로 모음의 음양오행으로 木의 ㅏ에 종성으로 자음의 음양오
행으로 木의 ㄱ이 음양의 합으로 상합자의 이치로 만나 짝하여 완
성된 문자와 소리가 자체적으로 보유한 음양오행의 생극제화 상생
의 이치로 土生金의 이치가 발생하여 金이 강하여 金剋木의 이치
가 발생하나 최종적으로 木이 강하여 목다금결(木多金缺)의 이치가
발생하여 木이 강하게 발생하는 문자와 소리가 되고 '·뿜' 자는 점
(·)이 하나로 거성의 가장 높은 소리로 초성으로 자음의 음양오행
으로 土의 ㅂ과 金의 ㅅ과 木의 ㄱ에 중성으로 모음의 음양오행으
로 土의 ㅡ에 종성으로 자음의 음양오행으로 土의 ㅁ이 음양의 합
으로 상합자의 이치로 만나 짝하여 완성된 문자와 소리가 자체적
으로 보유한 음양오행의 생극제화 상생의 이치로 土生金으로 金이

강하여 金剋木의 이치가 발생하여 최종적으로 金이 강하게 발생하는 문자와 소리가 발생한다는 뜻이다.

"**각자병서 여언어·혀위설이·혀위인 괴·여위아애인이괴·ᅅᅧ위인애아소·다위복물이쏘·다위사지지류**(各自並書 如諺語·혀爲舌而·혀爲引 괴·여爲我愛人而괴·ᅅᅧ爲人愛我 소·다爲覆物而쏘·다爲射之之類)"

"각각 스스로 나란히 글씨를 쓰면 속어와 똑같은 것으로 '·혀' 자는 혀(舌)가 되고 '·혀' 자는 끌어당기는 인(引)이 되고 '괴·여' 자는 내가 다른 사람을 사랑하는 사람(我愛人)이 되고 '괴·ᅅᅧ' 자는 다른 사람이 나를 사랑하는 것(人愛我)이 되고 '소·다' 자는 물건을 뒤집어 쏟아내는 것이 되고 '쏘·다' 자는 활을 쏘는 것과 비슷한 종류다."

위 내용은 대우주와 대자연에 존재하는 모든 만물과 사물의 천지인의 이치와 음양의 이치로 훈민정음 한글 초성·중성·종성으로 자음과 모음의 음양오행으로 '·혀' 자는 점(·)이 하나로 거성의 가장 높은 소리로 초성으로 자음의 음양오행으로 水에 중성과 종성으로 모음의 음양오행으로 木의 ㅕ가 음양의 합으로 상합자의 이치로 만나 짝하여 완성된 문자와 소리가 자체적으로 보유한 음양오행의 생극제화 상생의 이치로 水生木의 이치가 발생하여 최종적으로 木이 강하고 또 ·혀 자도 음양오행의 생극제화 상생상극의 이치에 의해 '·혀' 자와 동일하게 水生木의 이치가 발생하여 최종적으로 木이 강하게 발생하는 문자와 소리가 되고 또 '괴·여' 자와 '괴·

ᅋᅧ’ 자는 초성으로 자음의 음양오행으로 木의 ㄱ에 중성·종성으
로 모음의 음양오행으로 水의 ㅚ가 음양의 합으로 상합자의 이치
로 만나 짝하여 완성된 문자와 소리가 자체적으로 보유한 음양오
행의 생극제화 상생의 이치로 水生木의 이치가 발생하여 최종적으
로 木이 강하게 발생하는 문자와 소리가 되고 또 ‘·여’ 자와 ‘·ᅋᅧ’
자는 점(·)이 하나로 거성의 가장 높은 소리로 초성으로 자음의 음
양오행으로 水의 ㅇ에 중성·종성으로 모음의 음양오행으로 木의
ㅕ가 음양의 합으로 만나 짝하여 완성된 문자와 소리가 자체적으
로 보유한 음양오행의 생극제화 상생의 이치로 水生木의 이치가 발
생하여 최종적으로 木이 강하게 발생하는 문자와 소리로 사람이
음양오행의 이치로 나무(木)로 사람이 사람을 사랑하는 이치인 동
시에 육친의 이치로 비견, 겁(比肩, 劫)의 이치가 발생하는 뜻이며 또
‘소·다’ 자와 ‘쏘·다’ 자는 초성으로 자음의 음양오행으로 金의 ㅅ과
ㅆ에 중성·종성으로 모음의 음양오행으로 水의 ㅗ가 음양의 합으
로 상합자의 이치로 만나 짝하여 완성된 문자와 소리가 자체적으
로 보유한 음양오행의 생극제화 상생의 이치로 金生水의 이치가 발
생하여 최종적으로 水가 강하게 발생하는 문자와 소리가 되고 또
‘·다’ 자는 점(·)이 하나로 거성의 가장 높은 소리로 초성으로 자음
의 음양오행으로 火의 ㄷ에 중성·종성으로 모음의 음양오행으로
木의 ㅏ가 음양의 합으로 상합자의 이치로 만나 짝하여 완성된 문
자와 소리가 자체적으로 보유한 음양오행의 생극제화 상생의 이치

에 의해 木生火의 이치가 발생하여 최종적으로 火가 강하게 발생하는 문자와 소리이나 최종적으로 순환상생의 이치로 金生水 水生木 木生火의 이치가 발생하여 火가 강하게 발생하는 문자와 소리가 된다는 뜻이다.

"중성이자삼자합용 여언어·과위금주 ·홰위거지류(中聲二字三字合用 如諺語·과爲琴柱 ·홰爲炬之類)**"**

"훈민정음 한글 중성으로 모음이 2자나 3자를 합하여 쓰는 속어와 똑같은 거성으로 '·과' 자는 거문고의 줄밑을 괴어 소리를 고르게 하는 거문고 기둥의 금주(琴柱)가 되고 거성으로 '·홰' 자는 횃불(炬)과 비슷한 종류다."

위 내용은 대우주와 대자연에 존재하는 모든 만물과 사물의 천지인의 이치와 음양의 이치로 양의 하늘(天)의 뜻에 의해 음의 땅(地)이 음양의 합으로 만나 훈민정음 한글 초성·중성·종성으로 자음과 모음이 음양의 합으로 상합자의 이치로 만나 짝하여 완성된 문자와 소리가 발생하나 중성·종성으로 중성으로 모음을 써서 완성된 문자와 소리가 발생하는 이치로 훈민정음 한글 초성·중성·종성으로 자음과 모음의 음양오행으로 '·과' 자는 점(·)이 하나로 거성의 가장 높은 소리로 초성으로 자음의 음양오행으로 木의 ㄱ에 중성·종성으로 모음의 음양오행으로 木의 ㅘ를 음양의 합으로 상합자의 이치로 만나 짝하여 완성된 문자와 소리가 자체적으로 보유한 음양오행의 생극제화 상생상극 이치로 모두가 木으로 발생하지 않아 최종적으로 木이 강하기 발생하는 문자와 소리가 되고 또 '·홰' 자는 점(·)이 하나로 거성의 가장 높은 소리로 초성으로 자음의 음양오행으로 水의 ㅎ에 중성·종성으로 모음의 음양오행으로 木의 ㅐ를 음양의 합으로 상합자의 이치로 만나 짝하여 완성된 문자와 소리가 자체적으로 보유한 음양오행의 생극제화 상생의 이치로 水生木의 이치가 발생하여 최종적으로 木이 강하게 발생하는 문자와 소리가 발생한다는 뜻으로 중성으로 모음에 의해 문자와 소리가 끝이 난다는 이치의 뜻이다.

"종성이자삼자합용 여완어흙위토 ·낛위조 듌·삐위유시지류 기합용병서 자좌이우 초중종삼성개동 문여언잡용칙유인자음이보이중종성자잡 여공자ㅣ노ㅅ:사룸지류(終聲二字三字合用 如諺語흙爲土 ·낛爲釣 듌·삐爲酉時之類其合用並書 自左而右 初中終三聲皆同 文與諺雜用則有因字音而補以中終聲者 如孔子ㅣ魯ㅅ:사룸之類)**"**

"훈민정음 한글 종성으로 자음이 2자나 3자가 합하여 쓰는 속어와 똑같은 '흙' 자는 흙(土)이 되고 거성의 '·낛' 자는 낚시(釣)가 되고 '듌·삐' 자는 유시(酉時)가 되는 비슷한 종류와 같이 합해서 글씨를 쓸 때는 스스로 왼쪽에서 오른쪽으로 쓰는데 초성·중성·종성으로 자음과 모음 세 가지 소리가 모두 한가지로 똑같이 우리나라 말과 한문이 뒤섞여 쓰는 것이 법칙으로 문자소리의 원인에 따라 중성·종성을 보강하는 것과 같은 것으로 공자(孔子)에 중성으로 모음의 ㅣ자를 써서 노(魯:孔子)ㅅ:사룸으로 상성으로 시작은 낮으나 끝이 높은 소리로 공자사람과 똑같은 비슷한 종류다."

위 내용은 대우주와 대자연에 존재하는 모든 만물과 사물의 천지인의 이치와 음양의 이치로 양의 하늘(天)과 음의 땅(地)의 중성자의 사람(人)이 음양오행의 이치로 양의 천간(天干)과 음의 지지(地支)와 양의 지장간(地藏干)의 이치로 땅속에 양의 천간(天干) 기운을 보이지 않게 3개를 보유하고 존재하는 이치로 지장간(地藏干)의 이치에 따라 1년 1(寅)월 4(巳)월 7(申)월 10(亥)월의 생지(生地)와 2(卯)월 5(午)월 8(酉)월 11(子)월의 왕지(旺地)와 3(辰)월 6(未)월 9(戌)월 12(丑)월의 고지(庫地)에 의한 24절기가 발생하는 이치 속에서 수많은 각종 사람이나 동식물이 각각 꿈과 이상을 감추고 생명을 유지하며 목적을 달성하며 존재하는 이치를 응용한 뜻이다. 훈민정음 한글 초성·중성·종성으로 자음과 모음의 음양오행으로 '흙' 자는 초성으로 자음의 음양오행으로 水의 ㅎ에 중성으로 모음의 음양오행으로 土의 ·에 종성으로 자음의 음양오행으로 火의 ㄹ과 木의 ㄱ이 음양의 합으로 상합자의 이치로 만나 짝하여 완성된 문자와 소리가 자체적으로 보유한 음양오행의 생극제화 상생상극의 이치로 火生土 土剋水의 이치가 발생하여 최종적으로 土가 강하게 발생하는 문자와 소리가 되고 또 '낙' 자는 점(·)이 하나로 거성의 가장 높은 소리로 초성으로 자음의 음양오행으로 火의 ㄴ에 중성으로 모음의 음양오행으로 木의 ㅏ에 종성으로 자음의 음양오행으로 木의 ㄱ과 金의 ㅅ이 음양의 합으로 상합자의 이치로 만나 짝하여 완성된 문자와 소리가 자체적으로 보유한 음양오행의 생극제화 상생상극의 이치로 木生火 火剋金의 이치가 발생하여 최종적으로 火가 강하게 발생하는 문자와 소리가 되고 '돐·째' 자는 초성으로 자음의 음양오행으로 火의 ㄷ에 중성으로 모음의 음양오행으로 土의 ㆍ에 종성으로 자음의 음양오행으로 火의 ㄹ과 木의 ㄱ과 金의 ㅅ이 음양의 합으로 상합자의 이치로 만나 짝하여 완성된 문자와 소리가 자체적으로 보유한 음양오행의 생극제화 상생상극의 이치로 火生土 土生金의 이치가 발생하여 최종적으로 金이 강하게 발생하는 문자와 소리가 발생한다는 뜻으로 종성으로 자음이 2자나 3자가 존재하는 이치다.

훈민정음 한글은 글씨를 쓰는 경우에는 반드시 왼쪽에서 오른쪽으로 글씨를 쓰는데 초성·중성·종성의 순서로 쓴다는 뜻으로 훈민정음 한글 초성·중성·종성으로 자음과 모음이 음양의 합으로 상합자의 이치로 만나 짝하여 완성된 문자와 소리가 만들었지만 현실적으로 한문과 함께 사용하지만 양의 하늘(天)과 음의 땅(地)과 중성자의 사람(人)이 음양의 합으로 상합자의 이치로 만나 짝하여 하나의 완성된 문자와 소리가 발생한다는 뜻으로 가장 맑고 깨끗하고 선명한 소리에 의해 가장 맑고 깨끗한 음양오행의 기운이 발생한다는 뜻이다.

"언어평상거입 여활위궁이기성평 :돌위석이기성상 ·갈위도이기성거 ·분위필이기성입지류(諺語平上去入 如활爲弓而其聲平 :돌爲石而其聲上

·갈爲刀而其聲去 붇爲筆而其聲入之類)"

"우리나라 말에 평성의 가장 낮은 소리와 상성의 시작이 낮고 끝이 높은 소리와 거성의 가장 높은 소리와 입성의 빠르게 끝을 닫는 소리의 '활' 자는 점(·)이 없어 궁(弓)이 되어 평성의 가장 낮은 소리이며 ':돌' 자는 점(·)이 2개로 석(石)이 되어 상성의 시작은 낮으나 끝이 높은 소리이며 '·갈' 자는 점(·)이 하나로 도(刀)가 되어 거성의 가장 높은 소리이며 '·붇' 자는 점(·)이 하나로 필(筆)이 되어 입성의 빠르게 끝을 막는 소리가 되는 것과 비슷한 종류다."

위 내용은 대우주와 대자연에 존재하는 모든 만물과 사물의 천지인의 이치와 음양의 이치로 훈민정음 한글 초성·중성·종성으로 자음과 모음이 음양의 합으로 상합자의 이치로 만나 짝하여 완성된 문자와 소리는 가장 맑고 깨끗하고 선명한 소리를 네 가지로 분류하여 점(·) 없는 평성은 봄의 木으로 온화하게 가장 낮은 소리가 되어 양중의 음이며 점(·)이 2개인 상성은 여름의 火로 활동을 시작하는 시작은 낮으나 끝이 높은 소리가 되어 양중의 양이며 점(·)이 하나인 거성은 가을의 金으로 씩씩한 가장 높은 소리가 되어 음중의 양이며 점(·)이 없는 입성은 빠르게 끝을 막는 소리로 음중의 음으로 구분하여 가장 맑고 깨끗한 목화토금수 오행의 기운이 발생한다는 뜻으로 훈민정음 한글 초성·중성·종성으로 자음과 모음의 음양오행으로 '활' 자는 초성으로 자음의 음양오행으로 水의 ㅎ에 중성으로 모음의 음양오행으로 木의 ㅘ에 종성으로 자음의 음양오행으로 火의 ㄹ이 음양의 합으로 상합자의 이치로 만나 짝하여 완성된 문자와 소리가 자체적으로 보유한 음양오행의 생극제화 상생의 이치로 水生木 木生火의 이치가 발생하여 최종적으로 火가 강하게 발생하는 문자와 소리가 되는 동시에 점(·)이 없어 평성으로 가장 낮은 소리가 되고 또 점(·)이 2개로 상성의 시작은 낮고 끝이 높은 소리의 ':돌' 자는 초성으로 자음의 음양오행으로 火의 ㄷ에 중성으로 모음의 水의 ㅗ에 종성으로 자음의 음양오행으로 火의 ㄹ이 음양의 합으로 상합자의 이치로 만나 짝하여 완성된 문자와 소리가 자체적으로 보유한 음양오행의 생극제화 상극의 이치로 水剋火의 이치가 발생하여 火가 강하여 화다수증(火多水烝)의 이치가 발생하여 최종적으로 火가 강하게 발생하는 문자와 소리가 되고 또 점(·)이 하나인 거성의 가장 높은 소리로 '·갈' 자는 초성으로 자음의 음양오행으로 木의 ㄱ에 중성으로 모음의 음양오행으로 木의 ㅏ에 종성으로 자음의 음양오행으로 火의 ㄹ이 음양의 합으로 상합자의 이치로 만나 짝하여 완성된 문자와 소리가 자체적으로 보유한 음양오행의 생극제화 상생의 이치로 木生火의 이치가 발생하여 최종적으로 火가 강하게 발생하는 문자와 소리가 된다. 또 '붇' 자는 초성으로 자음의 음양오행으로 土의 ㅂ에 중성으로 모음의 음양오행으로 火의 ㅜ에 종성으로 자음의 음양오행으로 火의 ㄷ이 음양의 합으로 상합자의 이치로 만나 짝하여 완성된 문자와 소리가 자체적으로 보유한 음양오행의 생극제화 상생의 이치로 火生土의 이치가 발생하여 최종적으로 土가 강하게 발생하는 문자와 소리는 점(·)이 없어 입성의 끝을 막는 소리가 발생한다는 뜻이다.

"범자지좌 가일점위거성 이점위상성 무점위평성 이문지입성 여거성상사 언지입성무정 혹사평성 여긷위주 녑위협 혹사상성 여:낟위곡 :깁위증 혹사거성 여·몯위정 ·입위구지류(凡字之左 加一點爲去聲 二點爲上聲 無點爲平聲 而文之入聲 與去聲相似 諺之入聲無定 或似平聲 如긷爲柱 녑爲脅 或似上聲 如:낟爲穀 :깁爲繒 或似去聲 如·몯爲釘 ·입爲口之類)**"**

"모든 글자의 왼쪽에 점(·) 하나를 붙이면 거성으로 가장 높은 소리가 되고 점(·) 2개를 붙이면 상성의 시작은 낮으나 끝이 높은 소리이며 점(·)이 없으면 평성의 가장 낮은 소리가 되는데 입성의 끝을 빠르게 막는 소리는 한자 거성의 가장 높은 소리와 서로가 비슷하여 우리나라 말의 입성의 빠르게 닫는 소리는 정해진 것이 없어 혹은 평성의 가장 낮은 소리와 비슷하여 '긷' 자는 주(柱)가 되고 '녑' 자는 협(脅)이 되거나 혹은 점(·)이 2개인 상성의 시작은 낮으나 끝이 높은 소리와 비슷하여 ':낟' 자는 곡(穀)이 되고 ':깁' 자는 증(繒)이 되거나 혹은 점(·)이 하나인 거성의 가장 높은 소리와 비슷하여 '·몯' 자는 정(釘)이 되고 '·입' 자는 입(口)과 비슷한 종류가 된다."

위 내용은 대우주와 대자연에 존재하는 모든 만물과 사물의 천지인의 이치와 음양의 이치로 훈민정음 한글 초성·중성·종성으로 자음과 모음에 의한 가장 맑고 깨끗하고 선명한 문자의 앞에 점(·)

을 찍어 소리를 구분하여 점(·)이 하나는 거성이 되고 점(·)이 2개면 상성이 되나 점(·)이 없으면 평성이나 입성이 되는 네 가지의 소리로 구분하여 음양의 이치로 상성은 양의 대표자인 火의 양중의 양은 시작은 낮으나 끝이 높은 소리, 평성은 木의 양중의 음은 가장 낮은 소리, 입성은 음의 대표자인 수의 음중의 음은 빠르게 끝을 막는 소리, 거성은 金의 음중의 양은 가장 높은 소리로 가장 맑고 깨끗하고 선명한 음양오행의 기운이 발생한다는 뜻으로 입성의 빠르게 끝을 막는 소리가 한문의 거성과 비슷하지만 속어의 우리나라 말에는 정해진 것이 없어 평성의 가장 낮은 소리와 비슷하다는 뜻으로 木으로 양중의 음의 이치로 가장 맑고 깨끗하고 선명한 평성으로 가장 낮은 소리의 '긷' 자는 초성으로 자음의 음양오행으로 木의 ㄱ에 중성으로 모음의 음양오행으로 음양오행이 없는 ㅣ에 종성으로 모음의 음양오행으로 火의 ㄷ이 음양의 합으로 상합자의 이치로 만나 짝하여 완성된 문자와 소리가 자체적으로 보유한 음양오행의 생극제화 상생의 이치로 木生火의 이치가 발생하여 최종적으로 火가 강하게 발생하는 문자와 소리가 되고 또 '녑' 자는 초성으로 자음의 음양오행으로 火의 ㄴ에 중성으로 모음의 음양오행으로 木의 ㅕ에 종성으로 자음의 음양오행으로 土이 음양의 합으로 상합자의 이치로 만나 짝하여 완성된 문자와 소리가 자체적으로 보유한 음양오행의 생극제화 상생상극의 이치로 木生火 火生土의 이치가 발생하여 최종적으로 土가 강하게 발생하는 문자와 소리가 되고 또 火로 양중의 양 이치로 가장 맑고 깨끗하고 선명한 상성으로 시작은 낮으나 끝이 높은 소리가 발생한다는 뜻으로 ':낟' 자는 초성으로 자음의 음양오행으로 火의 ㄴ에 중성으로 모음의 음양오행으로 木의 ㅏ에 종성으로 자음의 음양오행으로 火의 ㄷ이 음양의 합으로 상합자의 이치로 만나 짝하여 완성된 문자와 소리가 자체적으로 보유한 음양오행의 생극제화 상생의 이치로 木生火의 이치가 발생하여 최종적으로 火가 강하게 발생하는 문자와 소리가 되고 또 ':깁' 자는 초성으로 자음의 음양오행으로 木의 ㄱ에 중성으로 모음의 음양오행으로 음양오행이 없는 ㅣ에 종성으로 자음의 음양오행으로 土의 ㅂ이 음양의 합으로 상합자의 이치로 만나 짝하여 완성된 문자와 소리가 자체적으로 보유한 음양오행의 생극제화 상극의 이치로 木剋土의 이치가 발생하여 최종적으로 土가 강하게 발생하는 문자와 소리가 되고 金으로 음중의 양 이치로 맑고 깨끗하고 선명한 거성으로 가장 높은 소리가 발생한다는 뜻으로 '·몯' 자는 초성으로 자음의 음양오행으로 土의 ㅁ에 중성으로 모음의 음양오행으로 水의 ㅗ에 종성으로 자음의 음양오행으로 火의 ㄷ이 음양의 합으로 상합자의 이치로 만나 짝하여 완성된 문자와 소리가 자체적으로 보유한 음양오행의 생극제화 상생상극의 이치로 火生土가 발생하나 土剋水의 이치가 발생하여 최종적으로 土가 강하게 발생하는 문자와 소리가 되고 또 '·입' 자는 초성으로 자음의 음양오행으로 水의 ㅇ에 중성으로 모음의 음양오행으로 음양오행이 없는 ㅣ에 종성으로 자음의 음양오행으로 土의 ㅂ이 음양의 합으로 상합자의 이치로 만나 짝하여 완성된 문자와 소리가 자체적으로 보유한 음양오행의 생극제화 상극의 이치로 土剋水의 이치가 발생하여 최종적으로 土가 강하게 발생하는 문자와 소리에는 가장 맑고 깨끗하고 선명한 목화토금수의 기운이 발생한다는 뜻이다.

"기가점칙여평상거동 평성안이화 춘야 만물서태 상성화이거 하야 만물점성 거성거이장 추야 만물성열 입성촉이색 동야 만물폐장
(其加點則與平上去同 平聲安而和 春也 萬物舒泰 上聲和而擧 夏也 萬物漸盛 去聲擧而壯 秋也 萬物成熟 入聲促而塞 冬也 萬物閉藏)"

"그 점(·)을 더 붙이는 것은 평성의 가장 낮은 소리와 상성의 시작은 낮으나 끝이 높은 소리와 거성의 가장 높은 소리에 똑같이 주는 것이 법칙으로 평성은 편안하며 온화한 가장 낮은 소리가 되는 것은 봄·여름·가을·겨울 사계절 24절기의 이치로 모든 만물과 사물의 가장 대표적인 초목이 봄에 크게 열리고 펼쳐지는 이치로 木으로 봄에 해당하며 상성은 온화하게 일으켜 움직이기 시작하여 시작은 낮으나 끝이 높은 소리가 되는 것은 만물과 사물의 가장 대표적인 초목이 여름에 일어나 움직이기 시작하여 점점 많아져 무성해지는 이치로 火土 공존의 이치로 여름에 해당하고 거성은 일으켜 씩씩하게 가장 높은 소리가 되는 것은 만물과 사물의 가장 대표적인 초목이 가을에 열매가 무르익어 풍성하게 결실하여 목적을 달성하는 것을 이루는 이치로 金으로 가을에 해당하고 입성은 빠르게 막히는 끝을 닫는 소리가 되는 것은 만물과 사물의 가장 대표적인 초목의 핵인 씨앗의 생명을 강한 추위로 동결하여 품어 감추고 저장하여 닫아 간직하고 보호하는 이치로 水로 겨울에 해당한다."

위 내용은 대우주와 대자연에 존재하는 모든 만물과 사물의 천지인의 이치와 음양의 이치와 봄·여름·가을·겨울 사계절 24절기의 이치와 만물과 사물의 가장 대표적인 초목이 태어나 생명을 유지하는 생왕묘의 이치로 훈민정음 한글 초성·중성·종성으로 자음과 모음의 문자와 소리의 네 가지 소리가 각각 음양이나 사계절 24절기의 이치를 응용하여 구분하였다는 뜻이다. 평성은 따뜻하고 포근한 봄의 木으로 양중의 음 이치로 편안하고 온화하고 포근한 가장 낮은 소리이며 상성은 뜨겁고 무더운 여름의 火로 양중의 양 이치로 온화하게 활동하여 무더운 시작은 낮으나 끝이 높은 소리이며 거성은 서늘한 가을의 金으로 음중의 양 이치로 일으켜 씩씩하게 성숙한 가장 높은 소리이며 입성은 추위 얼어붙는 겨울의 水로 음중의 음 이치로 동결시켜 보호하고 저장하여 추운 빠르게 끝을 막는 소리라는 뜻이다. 만물과 사물의 가장 대표적인 초목의 생왕묘의 이치로 따뜻한 木의 봄에 만물과 사물의 핵인 초목의 씨앗이 발아되고 뿌리의 생명이 살아나 푸르게 새싹을 돋아나는 이치이며 뜨거운 火의 여름에 초목이 튼튼하게 뼈대와 줄기를 갖추고 무성하게 성장하여 꽃이 피는 이치이며 서늘한 金의 가을에 초목의 열매가 단단하게 익어 풍성하게 결실하는 이치이며 추운 水의 겨울에 초목의 핵인 단단한 열매의 씨앗이나 뿌리의 생명을 빠르게 동결시켜 생명을 수장하여 보호하는 이치가 발생한다는 뜻으로 소리에도 봄·여름·가을·겨울 사계절 24절기의 이치로 가장 맑고 깨끗하고 선명한 목화토금수의 기운이 발생한다는 뜻이다.

"초성지ㆆ여ㅇ상사 어언가이통용야 반설유경중이음 연운서자모유일 차국어수불분경중 개득성음 약욕비용 칙의순경례 ㅇ연서ㄹ하위반설경음 설사부상월악·ㅡㅣㅣ성 어국어무용 아동이언 변야지어 혹유지 당합이자이용 여기긘지류기선종후횡 여타부동(初聲之ㆆ
與ㅇ相似 於諺可以通用也 半舌有輕重二音 然韻書字母唯一 且國語雖不分輕重
皆得成音 若欲備用 則依脣輕例 ㅇ連書ㄹ下 爲半舌輕音 舌乍附上腭 ·ㅡ起ㅣ聲
於國語無用 兒童之言 邊野之語 或有之 當合二字而用 如기긘之類 其先縱後橫
與他不同)"

"훈민정음 한글 초성으로 자음의 ㆆ과 ㅇ이 서로가 비슷하여 우리나라 말에는 옳게 통하여 사용할 수가 있으며 반혓소리는 가볍고 무거운 두 가지 소리가 존재하지만 오직 하나 훈민정음 한글 자음과 모음 소리의 울림으로 글씨를 쓰기 때문에 국어를 비록 가볍고 무거운 것으로 구분하지 않아도 모두 소리를 얻고 이룰 수가 있지만 만일 하고자 하는 것을 갖추어 쓰는 경우에는 곧 가벼운 입술에 의지하여 대부분이 ㅇ을 ㄹ의 아래쪽에 이어 쓰면 가벼운 반혓소리가 되는데 이것은 혀가 윗잇몸에 잠깐 붙었다 떨어지기 때문에 중성으로 모음의 ㆍ와 ㅡ의 소리가 ㅣ에서 일어나는 것은 국어에는 쓰지 않는 어린아이의 말로 혹 변두리 지역의 말에 존재하지만 마땅히 두 자를 짝지어 쓰기 때문에 '기' 자나 '긴' 자와 같이 비슷한 종류로 먼저 세로로 늘어지게 한 후에 가로로 지르는 것과 같이 다른 것과 똑같지 않다."

위 내용은 대우주와 대자연에 존재하는 모든 만물과 사물의 천지인의 이치와 음양의 이치로 양의 하늘(天)에 해당하는 훈민정음 한글 초성으로 자음의 소리가 가장 맑고 깨끗하고 선명하게 발생하는 뜻으로 하늘의 뜻에 따라 모든 것이 이루어지듯 반혓소리의 ㄹ을 ㅇ의 아래쪽에 쓰고 읽으면 혀가 잇몸의 윗쪽에 잠시 닿았다 떨어지며 발생하는 소리로 혀가 빠르게 움직여 발생하는 소리로 음양오행의 이치로 火에 해당한다는 뜻이며 중성으로 모음의 ㆍ, ㅡ를 종성으로 ㅣ의 끝 부분에 사용하는 문자와 소리는 사투리로 국어에는 쓰지 않는다는 뜻이다. 훈민정음 한글 초성·중성·종성으로 자음과 모음에 의한 한글이 수없이 많은 문자와 소리가 탄생하여 꿈과 이상을 표현하여 목표를 달성하는 데 기여하는 문자와 소리이나 잘못 사용하면 방언이나 사투리가 되어 통일되지 못하는 것을 우려한 내용으로 그러므로 통일된 국어를 사용하여 가장 맑고 깨끗하고 선명한 목화토금수의 기운으로 국민과 국가의 기를 살리겠다는 뜻이다.

그러므로 훈민정음 한글이 대우주와 대자연에 존재하는 모든 만물과 사물의 천지인의 이치와 음양오행의 이치와 동서남북 방향의 이치와 봄·여름·가을·겨울 사계절 24절기의 이치와 만물과 사물의 생왕묘의 이치로 사람이 만물과 사물의 가장 대표적인 초목을 만나 함께 어우러져 함께 공동체를 이루며 꿈과 이상의 목표를 달성하며 생명을 유지하고 존재하는 모든 이치가 담겨져 있는 문자와 소리로 초성·중성·종성으로 자음이 음양의 합으로 상합자의 이치로 만나 짝하여 완성되는 이치와 모음이 양의 하늘(天)의 ·와 음의 땅(地)의 一와 중성자의 사람(人)의 ㅣ가 하나의 공동체를 이루며 음양의 합으로 상합자의 이치로 만나 짝하여 완성되는 이치를 보면 이 세상에 존재하는 어떠한 이치를 대비하여도 손색이 없는 자랑스러운 문자와 소리로 우리는 이 훈민정음 한글을 세계화시켜 그 우수성을 세계만방에 알리는 동시에 세계의 국어가 되도록 우리 모두가 힘을 모아야 한다는 것이다.

訣曰

初聲在中聲左上 挹欲於諺用相同 中聲十一附初聲 圓橫
書下右書縱 欲書終聲在何處 初中聲下接着寫 初終合用
各並書 中亦有合悉自左 諺之四聲何以辨 平聲則弓上則石
刀爲去而筆爲入 觀此四物他可識 音因左點四聲分 一去二
上無點平 語入無定亦加點 文之入則似去聲 方言俚語萬
不同 有聲無字書難通 一朝 制作侔神工 大東千古開矇矓

"초성재중성좌상 읍욕어언용상동 중성십일부초성 원횡서하우서
종 욕서종성재하처 초중성하접착사 초종합용각병서 중역유합실자
좌(初聲在中聲左上 挹欲於諺用相同 中聲十一附初聲 圓橫書下右書縱 欲書終
聲在何處 初中聲下接着寫 初終合用各並書 中亦有合悉自左)"

"훈민정음 한글 초성으로 자음은 중성으로 모음의 위쪽이나 왼
쪽에 존재하고 있어 '읍(挹)' 자의 ㆆ과 '욕(欲)' 자의 ㅇ은 우리나라
말에서 서로가 한가지로 똑같이 사용하기 때문에 중성으로 모음의
11자(ㆍㅡㅣㅏㅑㅓㅕㅗㅛㅜㅠ)를 초성으로 자음에 붙여 의지하게 하여
초성으로 자음이 둥근 원이나 가로로 글씨를 쓰는 경우에는 중성
으로 모음을 아래쪽에 쓰고 중성으로 모음을 길게 늘어지게 쓰는
경우에는 초성으로 자음의 오른쪽에 쓰는 것으로 '욕(欲)' 자를 쓰
려면 종성으로 자음을 어느 자리를 차지하여야 하나 초성·중성
으로 자음과 모음의 아래쪽에 접착시켜 옮겨 놓아야 하며 초성·
종성으로 자음을 쓰려면 합하여 나란히 쓰고 중성으로 모음도 역
시 합이 존재하기 때문에 자연적으로 왼쪽부터 나란히 글씨를 쓰
는 것이다."

위 내용은 대우주와 대자연에 존재하는 모든 만물과 사물의 천
지인의 이치와 음양의 이치로 양의 하늘(天)과 음의 땅(地)과 중성
자의 사람(人)이 하나의 공동체를 이루고 생명을 유지하고 존재하
는 이치가 발생한다는 뜻으로 모든 것은 양의 하늘(天)에 의해 모

든 것이 이루어진다는 뜻이며 또한 음양오행의 이치와 사계절의 이치로 매년마다 끊임없이 발생하는 봄은 따뜻하고 여름은 뜨겁고 긴 여름은 무덥고 가을은 서늘하고 겨울은 추워 얼어붙는 '때와 장소'의 생활환경이 조성되어 만물과 사물의 가장 대표적인 푸른 초목이 새싹이 돋아 성장하여 왕성하게 꽃이 피고 풍성하게 씨앗을 결실하는 것을 끊임없이 반복하는 이치가 외음내양 외양내음의 이치로 12월 음이 최고조에 도달하였다가 동지(冬至)를 지나 양이 시작하여 6월 하지(夏至)에 이르면 양이 최고조에 도달하여 음이 시작되는 이치의 생왕묘의 이치다. 10, 11, 12월 겨울은 음으로 水이나 10월에 땅속으로 木의 봄은 이미 시작되고 정월 1, 2, 3월의 봄은 양중음으로 木이나 정월에 땅속으로 火의 여름이 시작되고 4, 5, 6월의 여름과 긴 여름은 양중양으로 火土공존의 이치로 4월에 땅속으로 金의 가을은 시작되고 7, 8, 9월의 가을은 음중양으로 金이나 7월에 땅속으로 水의 겨울은 시작되어 음의 겨울이 시작되는 이치에 따라 우리가 살아가는 생활환경이 끊임없이 발생하고 있는 것과 똑같은 뜻으로 양의 하늘 천간(天干)과 음의 땅 지지(地支)와 양의 땅속 지장간(地藏干)이 순환작용의 이치에 따라 훈민정음 한글 초성·중성·종성으로 자음과 모음의 한글이 발생한다는 뜻으로 우리의 한글이 음의 왼쪽에서 시작하여 양의 오른쪽으로 글씨를 써 내려가는 이치가 바로 음변양 양변음의 이치에 따라 순환상생하여 양의 하늘의 천간(天干)에서부터 시작하여 음의 땅의 지지

(地支)와 땅속의 양의 지장간(地藏干)의 순환작용과 영향에 의해 발생하는 이치로 훈민정음 한글이 왼쪽에서 오른쪽으로 쓰는 이치가 동서양을 막론하고 통하는 문자와 소리가 되는 것이 바로 우리의 자랑스러운 훈민정음 한글이라는 뜻이며 훈민정음 한글 초성으로 자음은 1개, 중성으로 모음을 2개, 종성으로 자음을 2, 3개를 사용하는 이치가 바로 천간(天干)과 지지(地支)와 지장간(地藏天)의 이치와 동일하다는 것을 알 수가 있는 것이 특징으로 세계에서 가장 우수한 문자와 소리가 바로 '훈민정음 한글'이라는 것을 우리는 자랑스럽게 생각하여야 한다.

"언지사성하이변 평성칙궁상칙석 도위거이필위입 관차사물타가식 음인좌점사성분 일거이상무점평 어입무정역가점 문지입칙사거성 방언리어만불동 유성무자서난통 일조 제작모신공 대동천고개몽룡(諺之四聲何以辨 平聲則弓上則石 刀爲去而筆爲入 觀此四物他可識 音因左點四聲分 一去二上無點平 語入無定亦加點 文之入則似去聲 方言俚語萬不同 有聲無字書難通 一朝 制作侔神工 大東千古開矇矓)**"**

"속된 우리나라 말을 4개의 소리로 분명하게 구분하여 평성의 가장 낮은 소리는 활(弓)이 되고 상성의 시작은 낮으나 끝이 높은 소리는 돌(石)이 되고 거성의 가장 높은 소라는 칼(刀)이 되고 입성의 빠르게 끝을 막는 소리는 붓(筆)이 되어 이 네 가지로 만물과 사물을 보면 다른 것도 옳게 알 수가 있어 소리의 원인에 따라 문자의 왼쪽에 점(·)으로 4개 소리를 나누는데 점(·) 하나는 가장 높은 소리로 거성이 되고 점(·) 2개는 시작은 낮으나 끝이 높은 소리로 상성이 되고 점(·)이 없는 것은 가장 낮은 소리로 평성이 되나 우리 말에 빠르게 끝을 막는 소리의 입성은 점(·)을 더 붙이는 것 역시 정해진 것이 없으나 한문에는 빠르게 끝을 막는 소리의 입성과 가장 높은 소리의 거성과 비슷하여 속된 사투리 말에는 똑같지 않은 말이 수없이 많아 소리는 존재하나 문자가 없어 통하는데 어려움이 많아 어느 날 아침에 장인정신으로 혼신을 다하여 필요한 것을 만드는 데 힘을 써서 아주 먼 옛적부터 눈이 어두운 동방의 큰 우리나라에 꽃이 활짝 피듯이 밝게 통하고 열린다."

위 내용은 대우주와 대자연에 존재하는 모든 만물과 사물의 천지인의 이치와 음양의 이치로 훈민정음 한글 초성·중성·종성으로 자음과 모음에 의한 문자와 소리로 이 세상에 존재하는 모든 만물과 사물의 각종 사람이나 동식물이나 물류의 세계를 구분하고 파악하여 그 기운, 성품, 성질, 성향, 유형을 알 수가 있는 것이 특징으로 그만큼 우리 훈민정음 한글이 세계에서 가장 우수하고 훌륭하다는 증거이며 장점으로 훈민정음 한글로 세계의 모든 사람들이 함께 가장 쉽게 널리 사용할 수가 있는 문자와 소리라는 뜻이며 또한 가장 맑고 깨끗하고 선명한 목화토금수의 기운이 발생하여 세계의 모든 사람들이 가장 쉽고 빠르게 배우고 소통하여 자신의 꿈과 이상을 실현하는 데 중추적인 역할을 한다는 뜻으로 당시의 어려운 한문을 사용하여 문자와 소리에 대한 소통의 어려움을 단번에 해소시키는 동시에 국어의 변화를 통하여 국가와 국민이 하나 되는 큰 계기를 마련하였다는 뜻으로 훈민정음 한글이 가장 맑고 깨끗하고 선명한 음양오행의 기운이 발생하는 이치가 대우주와 대자연에 존재하는 모든 만물과 사물의 천지인의 이치와 음양오행의 이치와 봄·여름·가을·겨울 사계절 24절기의 이치와 동서남북 방향의 이치와 1234567890 숫자의 이치와 만물과 사물의 가장 대표적인 초목이 사람을 만나 함께 공동체를 이루고 생명을 유지하고 존재하는 이치와 신체 구강의 이치를 응용하고 형상화하여 동방예의지국(東方禮儀之國)의 우리나라가 훈민정음 한글을 통하여 거대한 나무에 꽃이 활짝 피거나 좋은 재목(材木)이 되어 세계의 수많은 사람들이 구름처럼 몰려들어 국가가 빛나고 국민이 평화스럽게 편안하고 행복한 최상의 목화통명(木火通明)이나 동량지재(棟樑之材)의 형상으로 새로운 미래가 활짝 열렸다는 뜻이다.

제7편

『훈민정음 해례본』용자례(用字例)

初聲ㄱ 如:감爲柿 ·굴爲蘆 ㅋ 如우·케爲未春稻 콩爲大豆 ㆁ 如러·
울爲獺 서·에爲流凘 ㄷ 如·뒤爲茅 ·담爲墙 ㅌ 如고·티爲繭 두텁爲
蟾蜍 ㄴ 如노로爲獐 납爲猿 ㅂ 如ᄇᆞᆯ爲臂 ·벌爲蜂 ㅍ 如·파爲葱 ·ᄑᆞᆯ
爲蠅 ㅁ 如:뫼爲山 ·마爲薯蕷 ㅸ 如사·비爲蝦 드·븨爲瓠 ㅈ 如·자爲
尺 죠·히爲紙 ㅊ 如·체爲籭 ·채爲鞭 ㅅ 如·손爲手 :셤爲島 ㅎ 如·부
형爲鵂鶹 ·힘爲筋 ㅇ 如·비육爲鷄雛 ·ᄇᆞ얌爲蛇 ㄹ 如·무뤼爲雹 어·
름爲氷 ㅿ 如아ᅀᆞ爲弟 :너ᅀᅵ爲鴇 中聲·如·ᄐᆞᆨ爲頤 ·ᄑᆞᆺ爲小豆 ᄃᆞ리爲
橋 ·ᄀᆞ래爲楸 ㅡ 如·믈爲水 ·발·측爲跟 그력爲雁 드·레爲汲器 ㅣ 如·
깃爲巢 :밀爲蠟 ·피爲稷 ·키爲箕 ㅗ 如·논爲水田 ·톱爲鉅 호·미爲鉏
벼·로爲硯 ㅏ 如·밥爲飯 ·낟爲鎌 이·아爲綜 사·ᄉᆞᆷ爲鹿 ㅜ 如숫爲炭 ·
울爲籬 누·에爲蚕 구·리爲銅 ㅓ 如브섭爲竈 :널爲板 서·리爲霜 버·
들爲柳 ㅛ 如:죵爲奴 ·고욤爲梬 ·쇼爲牛 삽됴爲蒼朮菜 ㅑ 如남샹爲
龜 약爲龜䵶 다·야爲匜 쟈감爲蕎麥皮 ㅠ 如율믜爲薏苡 쥭爲飯乘
슈·룹爲雨繖 쥬련爲帨 ㅕ 如·엿爲飴餹 ·뎔爲佛寺 ·벼爲稻 :져비爲
燕 終聲ㄱ 如닥爲楮 독爲甕 ㆁ 如:굼벙爲蠐螬 ·올챙爲蝌蚪 ㄷ 如·
갇爲笠 싣爲楓 ㄴ 如·신爲屨 ·반되爲螢 ㅂ 如섭爲薪 ·굽爲蹄 ㅁ 如·
:범爲虎 :심爲泉 ㅅ 如:잣爲海松 ·못爲池 ㄹ 如·ᄃᆞᆯ爲月 :별爲星之類

훈민정음 용자례의 해석

「훈민정음 해례본」 '용자례'는 훈민정음 한글 자음과 모음을 응용
하여 당시의 우리나라 말과 한문을 서로 비교하여 발생하는 문자
와 소리에 대한 이해와 교육자료다.

"初聲ㄱ 여:감위시 ·굴위로 ㅋ 여우·케위미용도 콩爲大豆 ㆁ 여러·
울위달 서·에위류시(初聲ㄱ 如:감爲柿 ·굴爲蘆 ㅋ 如우·케爲未春稻 콩爲大豆
ㆁ 如러·울爲獺 서·에爲流凘)"

"훈민정음 한글 초성으로 자음은 ㄱ으로 ':감' 자는 점(·)이 2개로 상성의 시작은 낮으나 끝이 높은 소리에 해당하며 한자로 감나무 '시(柿)' 자와 똑같아 지금의 '감'이 되고 '·글' 자는 점(·)이 하나로 거성의 가장 높은 소리에 해당하며 한자로 갈대 로'(蘆)' 자와 똑같아 지금의 '갈대'가 되고 ㅋ으로 '우·케' 자는 한자로 미용도(未舂稻)와 똑같은 '쌀을 찧는' 것이 되고 '콩' 자는 한자로 '대두(大豆)' 자와 똑같은 지금의 '콩'이 되고 ㅇ으로 '러·울' 자는 한자로 수달의 '달(獺)' 자와 똑같아 지금의 '수달'이 되고 '서·에' 자는 한자로 흐르는 물의 '시(澌)' 자와 '류(流)' 자와 똑같아 지금의 '시냇물'이다."

위 내용은 대우주와 대자연에 존재하는 모든 만물과 사물의 천지인의 이치와 음양의 이치로 훈민정음 한글 초성·중성·종성으로 자음과 모음으로 초성으로 자음의 ㄱㅋㅇ 자는 아음(牙音)의 어금닛소리로 가장 맑고 깨끗하고 선명한 문자와 소리로 음양오행의 이치로 木에 해당하는 동시에 초성·중성·종성으로 자음과 모음의 음양오행의 이치로 평성으로 가장 낮은 소리이나 ':감' 자는 점(·)이 2개로 상성으로 시작은 낮으나 끝이 높은 소리로 초성으로 자음의 음양오행으로 木의 ㄱ에 중성으로 모음의 음양오행으로 木의 ㅏ에 종성으로 자음의 음양오행으로 土의 ㅁ이 음양의 합으로 상합자의 이치로 만나 짝하여 완성된 문자와 소리가 자체적으로 보유한 음양오행의 생극제화 상극의 이치로 木剋土의 이치가 발생하여 최종적으로 木이 강하게 발생하는 문자와 소리이며 또 '·글' 자는 점(·)

이 하나로 거성의 가장 높은 소리로 초성·중성·종성으로 자음과 모음의 음양오행의 이치로 초성으로 자음의 음양오행으로 木의 ㄱ에 중성으로 모음의 음양오행으로 土의 ﹒에 종성으로 자음의 음양오행으로 火의 ㄹ이 음양의 합으로 상합자의 이치로 만나 짝하여 완성된 문자와 소리가 자체적으로 보유한 음양오행의 생극제화 상생의 이치로 木生火 火生土의 이치가 발생하여 최종적으로 土가 강하게 발생하는 문자와 소리이며 또 '우·케'의 '우' 자는 초성·중성·종성으로 자음과 모음의 음양오행의 이치로 초성으로 자음의 음양오행으로 水의 ㅇ에 중성으로 모음의 음양오행으로 火의 ㅜ가 음양의 합으로 상합자의 이치로 만나 짝하여 완성된 문자와 소리가 음양오행의 생극제화 상극의 이치로 水剋火의 이치가 발생하여 최종적으로 水가 강하게 발생하는 문자와 소리이며 '·케' 자는 점(﹒)이 하나로 거성의 가장 높은 소리의 초성으로 자음의 음양오행으로 木의 ㅋ에 중성으로 모음의 음양오행으로 金의 ㅖ가 음양의 합으로 상합자의 이치로 만나 짝하여 완성된 문자와 소리가 자체적으로 보유한 음양오행의 생극제화 상극의 이치로 金剋木의 이치가 발생하여 최종적으로 金이 강하게 발생하는 문자와 소리이나 '우·케' 자가 종합적으로 보유한 음양오행의 생극제화 상생의 이치로 金生水의 이치가 발생하여 최종적으로 水가 강하게 발생하는 문자와 소리가 되고 또 '콩' 자는 초성으로 자음의 음양오행으로 木의 ㅋ에 중성으로 모음의 음양오행으로 水의 ㅗ에 종성으로 자음의

음양오행으로 木의 ㅇ이 음양의 합으로 상합자의 이치로 만나 짝
하여 완성된 문자가 자체적으로 보유한 음양오행의 생극제화 상생
의 이치로 水生木의 이치가 발생하여 최종적으로 木이 강하게 발
생하는 문자와 소리가 되며 또 ㅇ의 '러·울'의 '러' 자는 초성·중성·
종성으로 자음과 모음의 음양오행의 이치로 초성으로 자음의 음양
오행으로 火의 ㄹ에 중성으로 모음의 음양오행으로 金의 ㅓ가 음양
의 합으로 상합자의 이치로 만나 짝하여 완성된 문자와 소리가 자
체적으로 보유한 음양오행의 생극제화 상극의 이치로 火剋金의 이
치가 발생하여 최종적으로 火가 강하게 발생하는 문자와 소리가
되고 '·울' 자는 점(·)이 하나로 거성의 가장 높은 소리로 초성으
로 자음의 음양오행으로 木의 ㅇ에 중성으로 모음의 음양오행으로
火의 ㅜ에 종성으로 자음의 음양오행으로 火의 ㄹ이 음양의 합으
로 상합자의 이치로 만나 짝하여 완성된 문자와 소리가 자체적으
로 보유한 음양오행의 생극제화 상생의 이치로 木生火의 이치가 발
생하여 최종적으로 火가 강하게 발생하는 문자와 소리이나 '러·울'
자가 종합적으로 보유한 음양오행의 생극제화 상생상극의 이치로
火剋金의 이치가 발생하여 최종적으로 火가 강하게 발생하는 문자
와 소리가 되고 또 '서·에'의 '서' 자는 초성으로 자음의 음양오행으
로 金의 ㅅ에 중성으로 모음의 음양오행으로 金의 ㅓ가 음양의 합
으로 상합자의 이치로 만나 짝하여 완성된 문자와 소리가 자체적
으로 보유한 음양오행의 생극제화 상생상극의 이치로 모두 金으로

최종적으로 金이 강하게 발생하는 문자와 소리가 되고 '·에' 자는 점이 (·)이 하나로 거성의 가장 높은 소리로 초성으로 자음의 음양오행으로 木의 ㅇ에 중성으로 모음의 음양오행으로 金의 ㅔ가 음양의 합으로 상합자의 이치로 만나 짝하여 완성된 문자와 소리가 자체적으로 보유한 음양오행의 생극제화 상극의 이치로 金剋木의 이치가 발생하여 최종적으로 金이 강하게 발생하는 문자와 소리이나 '서·에' 자가 종합적으로 보유한 음양오행의 생극제화 상생상극의 이치로 金剋木의 이치가 발생하여 최종적으로 金이 강하게 발생하는 문자와 소리가 된다는 뜻이다.

"ㄷ 여·뒤위모 ·담위장 ㅌ 여고·티위견 두텁위셥서 ㄴ 여노로위장 납위원(ㄷ 如·뒤爲茅 ·담爲墻 ㅌ 如고·티爲繭 두텁爲蟾蜍 ㄴ 如노로爲獐 납爲猿)**"**

"훈민정음 한글 초성으로 자음의 ㄷ으로 '·뒤' 자는 점(·)이 하나로 거성으로 가장 높은 소리로 한자로 띠나 띠 집 '모(茅)' 자와 똑같아 지금의 '띠'나 '끈'이 되고 '·담' 자는 점(·)이 하나로 거성으로 가장 높은 소리로 한자로 담 '장(墻)' 자와 똑같아 지금의 '담장'이 되고 ㅌ의 '고·티' 자는 한자로 고치 '견(繭)' 자와 똑같아 지금의 '누에고치'가 되고 '두텁' 자는 한자로 두꺼비 '섬(蟾)' 자와 두꺼비 '서(蜍)' 자와 똑같아 지금의 '두꺼비'가 되고 ㄴ의 '노로' 자는 한자로 노루 '장(獐)' 자와 똑같아 지금의 '노루'가 되고 '납' 자는 한자로 원숭이 '원(猿)' 자와 똑같아 지금의 '원숭이'다."

위 내용은 대우주와 대자연에 존재하는 모든 만물과 사물의 천

지인의 이치와 음양의 이치로 훈민정음 한글의 초성·중성·종성으로 자음과 모음의 초성으로 자음의 ㄷㅌㄴ 자는 설음(舌音)의 혓소리로 가장 맑고 깨끗하고 선명한 문자와 소리로 음양오행의 이치로 火에 해당하는 동시에 초성·중성·종성으로 자음과 모음의 음양오행의 이치로 '·뒤' 자는 점(·)이 하나로 거성의 가장 높은 소리로 초성으로 자음의 음양오행으로 火의 ㄷ에 중성으로 모음의 음양오행으로 火의 ㅟ가 음양의 합으로 상합자의 이치로 만나 짝하여 완성된 문자와 소리가 자체적으로 보유한 음양오행의 생극제화 상생상극의 이치로 모두가 火로 생극제화 이치가 발생하지 않아 최종적으로 火가 강하게 발생하는 문자와 소리가 되고 또 '·담' 자는 점(·)이 하나로 거성의 가장 높은 소리로 초성으로 자음의 음양오행으로 火의 ㄷ에 중성으로 모음의 음양오행으로 木의 ㅏ에 중성으로 자음의 음양오행으로 土의 ㅁ이 음양의 합으로 상합자의 이치로 만나 짝하여 완성된 문자와 소리가 자체적으로 보유한 음양오행의 생극제화 상생의 이치로 木生火 火生土의 이치가 발생하여 최종적으로 土가 강하게 발생하는 문자와 소리가 되고 또 '고·티'의 '고' 자는 초성으로 자음의 음양오행으로 木의 ㄱ에 중성으로 모음의 음양오행으로 水의 ㅗ가 음양의 합으로 상합자의 이치로 만나 짝하여 완성된 문자와 소리가 자체적으로 보유한 음양오행의 생극제화 상생의 이치로 水生木의 이치가 발생하여 최종적으로 木이 강하게 발생하는 문자와 소리가 되고 '·티' 자는 점(·)이 하나로 거성의 가장 높은 소리로 초성으로 자음의 음양오행으로 火의 ㅌ에 중성으로 모음이 음양오행이 정해지지 않은 ㅣ가 음양의 합으로 상합자의 이치로 만나 짝하여 완성된 문자와 소리가 자체적으로 보유한 음양오행의 생극제화 상생상극의 이치가 발생하지 않아 火가 강하게 발생하는 문자와 소리이나 '고·티' 자가 종합적으로 보유한 음양오행의 생극제화 상생상극의 이치로 水生木 木生火의 이치가 발생하여 최종적으로 火가 강하게 발생하는 문자와 소리가 되고 또 '두텁'의 '두' 자는 초성으로 자음의 음양오행으로 火의 ㄷ에 중성으로 모음의 음양오행으로 火의 ㅜ이 음양의 합으로 상합자의 이치로 만나 짝하여 완성된 문자와 소리가 자체적으로 보유한 음양오행의 생극제화 상생상극의 이치가 모두 火로 발생하지 않아 최종적으로 火가 강하게 발생하는 문자와 소리가 되고 '텁' 자는 초성으로 자음의 음양오행으로 火의 ㅌ에 중성으로 모음의 음양오행으로 木의 ㅕ에 종성으로 자음의 음양오행으로 土의 ㅂ이 음양의 합으로 상합자의 이치로 만나 짝하여 완성된 문자와 소리가 자체적으로 보유한 음양오행의 생극제화 상생의 이치로 木生火 火生土의 이치가 발생하여 土가 강하게 발생하는 문자와 소리이나 '두텁' 자가 종합적으로 보유한 음양오행의 생극제화 상생상극의 이치로 火生土의 이치가 발생하여 최종적으로 土가 강하게 발생하는 문자가 되고 또 '노로'의 '노로' 자는 초성으로 자음의 음양오행으로 火의 ㄴㄹ에 중성으로 모음의 음양오행으로 水의 ㅗ가 음양의 합으로 상합자의 이치로 만나 짝하여 완성된 문자와 소리가 자체적으로 보유한 음양오행의 생극제화 상극의 이치로 水剋火가 발생하여 최종적으로 水가 강하게 발생하는 문자와 소리가 되고 또 '납' 자는 초성으로 자음의 음양오행으로 火의 ㄴ에 중성으로 모음의 음양오행으로 木의 ㅏ에 종성으로 자음의 음양오행으로 土의 ㅂ이 음양의 합으로 상합자의 이치로 만나 짝하여 완성된 문자와 소리가 자체적으로 보유한 음양오행의 생극제화 상생의 이치로 木生火 火生土의 이치가 발생하여 최종적으로 土가 강하게 발생하는 문자와 소리가 된다는 뜻이다.

"ㅂ 여불위비 :벌위봉 ㅍ 여·파위총 ·폴위승 ㅁ 여:뫼위산 ·마위서서 ㅸ 여사·비위하 드·븨위호(ㅂ 如불爲臂 :벌爲蜂 ㅍ 如·파爲蔥 ·폴爲蠅 ㅁ 如:뫼爲山 ·마爲薯藇 ㅸ 如사·비爲蝦 드·븨爲瓠)"

"훈민정음 한글 초성으로 자음의 ㅂ으로 '불' 자는 한자로 팔 '비(臂)' 자와 똑같아 지금의 '팔'이 되고 ':벌' 자는 점(·) 2개로 상성으로 시작은 낮으나 끝이 높은 소리로 한자로 벌 '봉(蜂)' 자와 똑같아 지금의 '벌'이 되고 ㅍ의 ':파' 자는 점(·) 2개로 상성의 시작은 낮으나 끝이 높은 소리로 한자로 파 '총(蔥)' 자와 똑같아 지금의 '파'가 되고 '·폴' 자는 점(·)이 하나로 거성의 가장 높은 소리로 한자로 파리 '승(蠅)' 자와 똑같아 지금의 '파리'가 되고 ㅁ의 ':뫼' 자는 점(·)이 2개로 상성의 시작은 낮으나 끝이 높은 소리로 한자로 뫼 '산(山)' 자와 똑같아 지금의 '산'이 되고 '·마' 자는 점(·)이 하나로 거성의 가장 높은 소리로 한자로 참마 '셔(薯)' 자와 우거지다 '셔(藇)' 자와 똑같아 지금의 '마'가 되고 병의 '사·비' 자는 한자로 새우 '하(蝦)' 자와 똑같아 지금의 '새우'가 되고 '드·븨' 자는 한자로 표주박 '호(瓠)' 자와 똑같아 지금의 '호박이나 표주박'이다."

위 내용은 대우주와 대자연에 존재하는 모든 만물과 사물의 천지인의 이치와 음양의 이치로 훈민정음 한글 초성·중성·종성으로 자음과 모음의 초성으로 ㅂㅍㅁ병 자는 순음(脣音)의 입술소리로 가장 맑고 깨끗하고 선명한 문자와 소리로 음양오행의 이치로 土에 해당하는 동시에 초성·중성·종성으로 자음과 모음의 음양오행의 이치로 火土 공존의 이치로 '별' 자는 초성으로 자음의 음양오행으로 土의 ㅂ에 중성으로 모음의 음양오행으로 土의 ·에 종성으로 자음의 음양오행으로 火의 ㄹ이 음양의 합으로 상합자의 이치로 만나 짝하여 완성된 문자와 소리가 자체적으로 보유한 음양오행의 생극제화 상생의 이치로 火生土의 이치가 발생하여 최종적으로 土가 강하게 발생하는 문자와 소리가 되고 또 ':별' 자는 점(·)이 2개로 상성의 시작은 낮으나 끝이 높은 소리로 초성으로 자음의 음양오행으로 土의 ㅂ에 중성으로 모음의 음양오행으로 土의 ㅓ에 종성으로 자음의 음양오행으로 火의 ㄹ이 음양의 합으로 상합자의 이치로 만나 짝하여 완성된 문자와 소리가 자체적으로 보유한 음양오행의 생극제화 상생의 이치로 火生土의 이치가 발생하여 최종적으로 土가 강하게 발생하는 문자와 소리가 되고 또 '·파' 자는 점(·)

이 하나로 거성의 가장 높은 소리로 초성으로 자음의 음양오행으로 土의 ㅍ에 중성으로 모음의 음양오행으로 木의 ㅏ가 음양의 합으로 상합자의 이치로 만나 짝하여 완성된 문자와 소리가 자체적으로 보유한 음양오행의 생극제화 상극의 이치로 木剋土의 이치가 발생하여 최종적으로 木이 강하게 발생하는 문자와 소리가 되고 또 '·폴' 자는 점(·)이 하나로 거성의 가장 높은 소리로 초성으로 자음의 음양오행으로 土의 ㅍ에 중성으로 모음의 음양오행으로 土의 ·에 종성으로 자음의 음양오행으로 火의 ㄹ이 음양의 합으로 상합자의 이치로 만나 짝하여 완성된 문자와 소리가 자체적으로 보유한 음양오행의 생극제화 상생의 이치로 火生土의 이치가 발생하여 최종적으로 土가 강하게 발생하는 문자와 소리가 되고 또 ':뫼' 자는 점(·)이 2개로 상성의 시작은 낮으나 끝이 높은 소리로 초성으로 자음의 음양오행으로 土의 ㅁ에 중성으로 모음의 음양오행으로 水의 ㅚ가 음양의 합으로 상합자의 이치로 만나 짝하여 완성된 문자와 소리가 자체적으로 보유한 음양오행의 생극제화 상극의 이치로 土剋水의 이치가 발생하여 최종적으로 土가 강하게 발생하는 문자와 소리가 되고 또 '·마' 자는 점(·)이 하나로 거성의 가장 높은 소리로 초성으로 자음의 음양오행으로 土의 ㅁ에 중성으로 모음의 음양오행으로 木의 ㅏ가 음양의 합으로 상합자의 이치로 만나 짝하여 완성된 문자와 소리가 자체적으로 보유한 음양오행의 생극제화 상극의 이치로 木剋土의 이치가 발생하여 최종적으로 木이 강하게 발생하는 문자와 소리가 되고 또 '사·비'의 '사' 자는 초성으로 자음의 음양오행으로 金의 ㅅ에 중성으로 모음의 음양오행으로 木의 ㅏ가 음양의 합으로 상합자의 이치로 만나 짝하여 완성된 문자와 소리가 자체적으로 보유한 음양오행의 생극제화 상극의 이치로 金剋木의 이치가 발생하여 최종적으로 金이 강하게 발생하는 문자와 소리가 되고 '·비' 자는 점(·)이 하나로 거성으로 가장 높은 소리로 초성으로 자음의 음양오행으로 土의 ㅸ에 중성으로 모음의 음양오행으로 음양오행이 정해지지 않은 ㅣ가 음양의 합으로 상합자의 이치로 만나 짝하여 완성된 문자와 소리가 자체적으로 보유한 음양오행의 생극제화 상생상극의 이치가 발생하지 않아 土가 강하게 발생하는 문자와 소리이나 '사·비' 자가 종합적으로 보유한 음양오행의 생극제화 상생상극의 이치로 土生金 金剋木의 이치가 발생하여 최종적으로 金이 강한 문자와 소리가 되고 '드·븨'의 '드' 자는 초성으로 자음의 음양오행으로 火의 ㄷ에 중성으로 모음의 음양오행으로 土의 ㅡ가 음양의 합으로 상합자의 이치로 만나 짝하여 완성된 문자와 소리가 자체적으로 보유한 음양오행의 생극제화 상생의 이치로 火生土의 이치가 발생하여 최종적으로 土가 강하게 발생하는 문자와 소리가 되고 '·븨' 자는 점(·)이 하나로 거성으로 가장 높은 소리로 초성으로 자음의 음양오행으로 土의 ㅸ에 중성으로 모음의 음양오행으로 土의 ㅢ가 음양의 합으로 상합자의 이치로 만나 짝하여 완성된 문자와 소리가 자체적으로 보유한 음양오행의 생극제화 상생상극의 이치가 모두가 土가 발생하여 생극제화의 이치가 발생하지 않아 土가 강하게 발생하는 문자와 소리이나 드·븨 자가 종합적으로 보유한 음양오행의 생극제화 상생상극의 이치로 火生土의 이치가 발생하여 최종적으로 土가 강하게 발생하는 문자와 소리가 된다는 뜻이다.

"ㅈ 여·자위척 죠·히위지 ㅊ 여·체위사 ·채위편 ㅅ 여·손위수 :셤위 도(ㅈ 如·자爲尺 죠·히爲紙 ㅊ 如·체爲篩 ·채爲鞭 ㅅ 如·손爲手 :셤爲島)**"**

"훈민정음 한글 초성으로 자음의 ㅈ으로 '·자' 자는 점(·)이 하나로 거성의 가장 높은 소리로 한자로 자 '척(尺)' 자와 똑같아 지금의 길이를 재는 '자'가 되고 '죠·히' 자는 한자로 종이 '지(紙)' 자와 똑같아 지금의 '종이'가 되고 ㅊ의 '·체' 자는 점(·)이 하나로 거성의 가장 높은 소리로 한자로 곡식의 씨앗을 치거나 고르는데 사용하는 기구 '사(篩)' 자와 똑같아 지금의 '체'가 되고 '·채' 자는 점(·)이 하나로 거성의 가장 높은 소리로 한자로 매질하고 때리는 채찍 '편(鞭)' 자와 똑같아 지금의 '채찍'이 되고 ㅅ의 '·손' 자는 점(·)이 하나로 거성의 가장 높은 소리로 한자로 순 '수(手)' 자와 똑같아 지금의 '손'이 되고 ':셤' 자는 점(·)이 2개로 상성으로 시작은 낮으나 끝이 높은 소리로 한자로 섬 '도(島)' 자와 똑같아 지금의 '섬'이다."

위 내용은 대우주와 대자연에 존재하는 모든 만물과 사물의 천지인의 이치와 음양의 이치로 훈민정음 한글 초성·중성·종성으로 자음과 모음의 초성으로 ㅈㅊㅅ 자는 치음(齒音)의 잇소리로 가장 맑고 깨끗하고 선명한 문자와 소리로 음양오행의 이치로 金에 해당하는 동시에 초성·중성·종성으로 자음과 모음의 음양오행의 이치로 '·자' 자는 점(·)이 하나로 거성의 가장 높은 소리로 초성으로 자음의 음양오행으로 金의 ㅈ에 중성으로 모음의 음양오행으로 木의 ㅏ가 음양의 합으로 상합자의 이치로 만나 짝하여 완성된 문자와 소리가 자체적으로 보유한 음양오행의 생극제화 상극의 이치로 金尅木이 발생하여 최종적으로 金이 강하게 발생하는 문자와 소리가 되고 또 '죠·히'의 '죠' 자는 초성으로 자음의 음양오행으로 金의 ㅈ에 중성으로 모음의 음양오행으로 火의 ㅛ가 음양의 합으로 상합자 이치로 만나 짝하여 완성된 문자와 소리가 자체적으로 보유한 음양오행의 생극제화 상극의 이치로 火尅金의 이치가 발생하여 최종적으로 火가 강하게 발생하는 문자와 소리가 되고 '·히' 자는 점(·)이 하나로 거성의 가장 높은 소리로 초성으로 자음의 음양오행으로 水의 ㅎ에 중성으로 모음의 음양오행으로 土의 ㅣ가 음양의 합으로 상합자의 이치로 만나 짝하여 완성된 문자와 소리가 자체적으로 보유한 음양오행의 생극제화 상극의 이치로 土尅水의 이치가 발생하여 최종적으로 土가 강하게 발생하는 문자와 소리이나 '죠·히' 자가 종합적으로 보유한 음양오행의 생극제화 상생상극의 이치로 火生土 土生金 金生水의 이치가 발생하여 최종적으로 水가 강하게 발생하는 문자와 소리가 되고 또 '·체' 자는 점(·)이 하나로 거성의 가장 높은 소리로 초성으로 자음의 음양오행으로 金의

ㅊ에 중성·종성으로 모음의 음양오행으로 金의 ㅔ이 음양의 합으로 상합자의 이치로 만나 짝하여 완성된 문자와 소리가 자체적으로 보유한 음양오행의 생극제화 상생상극의 이치로 모두가 金으로 발생하지 않아 최종적으로 金이 강하게 발생하는 문자와 소리가 되고 '·채' 자는 점(·)이 하나로 거성의 가장 높은 소리로 초성으로 자음의 음양오행으로 金의 ㅊ에 중성·종성으로 모음의 음양오행으로 木의 ㅐ가 음양의 합으로 상합자의 이치로 만나 짝하여 완성된 문자와 소리가 자체적으로 보유한 음양오행의 생극제화 상극의 이치로 金剋木의 이치가 발생하여 최종적으로 金이 강하게 발생하는 문자와 소리가 되고 또 ㅅ의 '·손' 자는 점(·)이 하나로 거성의 가장 높은 소리로 초성으로 자음의 음양오행으로 金의 ㅅ에 중성으로 모음의 음양오행으로 水의 ㅗ에 종성으로 자음의 음양오행으로 火의 ㄴ이 음양의 합으로 상합자의 이치로 만나 짝하여 완성된 문자와 소리가 자체적으로 보유한 음양오행의 생극제화 상생상극의 이치로 金生水 水剋火의 이치가 발생하여 최종적으로 水가 강하게 발생하는 문자와 소리가 되고 또 ':셤' 자는 점(·)이 2개로 상성의 시작은 낮으나 끝이 높은 소리로 초성으로 자음의 음양오행으로 金의 ㅅ에 중성으로 모음의 음양오행으로 木의 ㅕ에 종성으로 자음의 음양오행으로 土의 ㅁ이 음양의 합으로 상합자의 이치로 만나 짝하여 완성된 문자와 소리가 자체적으로 보유한 음양오행의 생극제화 상생상극의 이치로 土生金 金剋木의 이치가 발생하여 최종적

으로 金이 강하게 발생하는 문자와 소리가 된다는 뜻이다.

"ㆆ 여·부헝위휴류 ·힘위근 ㅇ 여·비육위계추 ·ᄇ얌위사(ㆆ 如·부헝
爲鵂鶹 ·힘爲筋 ㅇ 如·비육爲鷄雛 ·ᄇ얌爲蛇)**"**

"훈민정음 한글 초성으로 자음의 ㆆ으로 '·부헝' 자는 점(·)이 하
나로 거성의 가장 높은 소리로 한자로 수리부엉이 '휴(鵂)' 자와 올빼
미 '류(鶹)' 자와 똑같아 지금의 '부엉이'가 되고 '·힘' 자는 점(·)이 하
나로 거성의 가장 높은 소리로 한자로 힘줄 근'(筋)' 자와 똑같아 지
금의 '힘줄이나 힘'이 되고 ㅇ의 '·비육' 자는 점(·)이 하나로 거성의
가장 높은 소리로 한자로 닭 '계(鷄)' 자와 병아리 '추(雛)' 자와 똑같
아 지금의 '닭과 닭고기'가 되고 '·ᄇ얌' 자는 점(·)이 하나로 거성의
가장 높은 소리로 한자로 뱀 '사(蛇)' 자와 똑같아 지금의 '뱀'이다."

위 내용은 대우주와 대자연에 존재하는 모든 만물과 사물의 천
지인의 이치와 음양의 이치로 훈민정음 한글 초성·중성·종성으로
자음과 모음의 초성으로 ㆆㅇ 자는 후음(喉音)의 목구멍소리로 가
장 맑고 깨끗하고 선명한 문자와 소리로 음양오행의 이치로 水에
해당하는 동시에 초성·중성·종성으로 자음과 모음의 음양오행의
이치로 '·부헝'의 '·부' 자는 점(·)이 하나로 거성의 가장 높은 소리
로 초성으로 자음의 음양오행으로 土의 ㅂ에 중성·종성으로 모음
의 음양오행으로 火의 ㅜ가 음양의 합으로 상합자의 이치로 만나
짝하여 완성된 문자와 소리가 자체적으로 보유한 음양오행의 생극
제화 상생의 이치로 火生土의 이치가 발생하여 최종적으로 土가

강하게 발생하는 문자와 소리가 되고 '헝' 자는 초성으로 자음의 음양오행으로 水의 ㅎ에 중성으로 모음의 음양오행으로 金의 ㅓ와 종성으로 자음의 음양오행으로 木의 ㅇ이 음양의 합으로 상합자의 이치로 만나 짝하여 완성된 문자와 소리가 자체적으로 보유한 음양오행의 생극제화 상생의 이치로 金生水 水生木의 이치가 발생하여 木이 강하나 '·부헝' 자가 종합적으로 보유한 음양오행의 생극제화 상생상극의 이치로 木生火 火生土 土生金 金生水의 이치가 발생하여 최종적으로 水가 강하게 발생하는 문자와 소리가 되고 또 '·힘' 자는 점(·)이 하나로 거성의 가장 높은 소리로 초성으로 자음의 음양오행으로 水의 ㅎ에 중성으로 모음의 음양오행으로 음양오행이 정해지지 않은 ㅣ와 종성으로 자음의 음양오행으로 土의 ㅁ이 음양의 합으로 상합자의 이치로 만나 짝하여 완성된 문자와 소리가 자체적으로 보유한 음양오행의 생극제화 상극의 이치로 土剋水의 이치가 발생하여 최종적으로 土가 강하게 발생하는 문자와 소리가 되고 또 '·비육'의 '·비' 자는 점(·)이 하나로 거성의 가장 높은 소리로 초성으로 자음의 음양오행으로 土의 ㅂ에 중성·종성으로 모음의 음양오행으로 음양오행이 정해지지 않은 ㅣ가 음양의 합으로 상합자의 이치로 만나 짝하여 완성된 문자와 소리가 자체적으로 보유한 음양오행의 생극제화 상생상극의 이치가 모두가 土로 발생하지 않아 최종적으로 土가 강하게 발생하는 문자와 소리가 되고 '육' 자는 초성으로 자음의 음양오행으로 水의 ㅇ에 중성으로 모음의 음양오행으로 水의 ㅠ와 종성으로 자음의 음양오행으로 木의 ㄱ이 음양의 합으로 상합자의 이치로 만나 짝하여 완성된 문자와 소리가 자체적으로 보유한 음양오행의 생극제화 상생의 이치로 水生木의 이치가 발생하여 木이 강하나 '·비육' 자가 종합적으로 보유한 음양오행의 생극제화 상생상극의 이치로 木剋土의 이치가 발생하여 최종적으로 木이 강하게 발생하는 문자와 소리가 되고 또 '·ㅸ얌'의 '·ㅸ' 자는 점(·)이 하나로 거성의 가장 높은 소리로 초성으로 자음의 음양오행으로 土의 ㅂ에 중성·종성으로 土의 ·이 음양의 합으로 상합자의 이치로 만나 짝하여 완성된 문자와 소리가 자체적으로 보유한 음양오행의 생극제화 상생상극의 이치로 모두가 土로 발생하지 않아 최종적으로 土가 강하게 발생하는 문자와 소리가 되고 '얌' 자는 초성으로 자음의 음양오행으로 水의 ㅇ에 중성으로 모음의 음양오행으로 金의 ㅑ에 종성으로 자음의 음양오행으로 土의 ㅁ이 음양의 합으로 상합자의 이치로 만나 짝하여 완성된 문자와 소리가 자체적으로 보유한 음양오행의 생극제화 상생의 이치로 土生金 金生水의 이치가 발생하여 최종적으로 水가 강하게 발생하는 문자와 소리이나 '·ㅸ얌' 자가 종합적으로 생극제화 상생상극의 이치로 土生金 金生水의 이치가 발생하여 최종적으로 水가 강하게 발생하는 문자와 소리가 발생한다는 뜻이다.

　　"ㄹ 여·무뤼위박 어·름위빙(ㄹ 如·무뤼爲電 어·름爲氷)**"**

　　"훈민정음 한글 초성으로 자음의 ㄹ로 '·무뤼' 자는 점(·)이 하나로 거성의 가장 높은 소리로 한자로 누리 우박 '박(雹)' 자와 똑같아 지금의 '우박'이 되고 '어·름' 자는 한자로 얼음 '빙(氷)' 자와 똑같아 지금의 '얼음'이다.

위 내용은 대우주와 대자연에 존재하는 모든 만물과 사물의 천지인의 이치와 음양의 이치로 훈민정음 한글 초성·중성·종성으로 자음과 모음의 초성으로 자음의 ㄹ자는 반치음(半齒音)의 반혓소리로 가장 맑고 깨끗하고 선명한 문자와 소리로 음양오행의 이치로 火에 해당하는 동시에 초성·중성·종성으로 자음과 모음의 음양오행의 이치로 '·무뤼'의 '·무' 자는 점(·)이 하나로 거성의 가장 높은 소리로 초성으로 자음의 음양오행으로 土의 ㅁ에 중성·종성으로 모음의 음양오행으로 火의 ㅜ가 음양의 합으로 상합자의 이치로 만나 짝하여 완성된 문자와 소리가 자체적으로 보유한 음양오행의 생극제화 상생의 이치로 火生土의 이치가 발생하여 최종적으로 土가 강하게 발생하는 문자와 소리가 되고 '뤼' 자는 초성으로 자음의 음양오행으로 火의 ㄹ에 중성·종성으로 모음의 음양오행으로 火의 ㅟ가 음양의 합으로 상합자의 이치로 만나 짝하여 완성된 문자와 소리가 자체적으로 보유한 음양오행의 생극제화 상생의 이치로 火生土의 이치가 발생하여 최종적으로 土가 강하게 발생하는 문자와 소리이나 '·무뤼' 자가 종합적으로 보유한 음양오행의 생극제화 상생의 이치로 火生土의 이치가 발생하여 최종적으로 土가 강하게 발생하는 문자와 소리가 되고 또 '어·름'의 '어' 자는 초성으로 자음의 음양오행으로 水의 ㅇ에 중성·종성으로 모음의 음양오행으로 金의 ㅕ가 음양의 합으로 상합자의 이치로 만나 짝하여 완성된 문자와 소리가 자체적으로 보유한 음양오행의 생극제화 상생의 이치로 金生水의 이치가 발생하여 최종적으로 水가 강하게 발생하는 문자와 소리가 되고 '·름' 자는 점(·)이 하나로 거성의 가장 높은 소리의 초성으로 자음의 음양오행으로 土의 ㄹ이 중성으로 土의 ㅡ와 종성으로 자음의 음양오행으로 土의 ㅁ이 음양의 합으로 상합자의 이치로 만나 짝하여 완성된 문자와 소리가 자체적으로 보유한 음양오행의 생극제화 상생의 이치로 土生金의 이치가 발생하여 최종적으로 金이 강하게 발생하는 문자와 소리이나 '어·름' 자가 종합적으로 보유한 음양오행의 생극제화 상생상극의 이치로 土生金 金生水의 이치가 발생하여 최종적으로 水가 강하게 발생하는 문자와 소리가 된다는 뜻이다.

"△ 여아ᅀ위제 :너싀위보(△ 如아ᅀ爲弟 :너싀爲鴇)"

"훈민정음 한글 초성으로 자음의 ㅿ으로 '아ᅀ' 자는 한자로 아우 '제(弟)' 자와 똑같아 지금의 '동생'이 되고 ':너싀' 자는 점(·)이 2개로 상성의 시작은 낮으나 끝이 높은 소리로 한자로 능에 '보(鴇)' 자와 똑같아 지금의 '너새'로 비둘기와 비슷한 큰 새다."

위 내용은 대우주와 대자연에 존재하는 모든 만물과 사물의 천지인의 이치와 음양의 이치로 훈민정음 한글 초성·중성·종성으로 자음과 모음의 초성으로 자음의 ㅿ 자는 반치음(半齒音)의 반잇소리로 가장 맑고 깨끗하고 선명한 문자와 소리로 음양오행의 이치로 金에 해당하는 동시에 초성·중성·종성으로 자음과 모음의 음양오행의 이치로 '아ᅀ'의 '아' 자는 초성으로 자음의 음양오행으로 水의 ㅇ에 중성·종성으로 모음의 木의 ㅏ가 음양의 합으로 상합자의 이치로 만나 짝하여 완성된 문자와 소리가 자체적으로 보유한 음양오행의 생극제화 상생의 이치로 水生木의 이치가 발생하여 최종적으로 木이 강하게 발생하는 문자와 소리가 되고 'ᅀ' 자는 초성으로 자음의 음양오행으로 金의 ㅿ에 중성·종성으로 土의 ㆍ이 음양의 합으로 상합자의 이치로 만나 짝하여 완성된 문자와 소리가 자체적으로 보유한 음양오행의 생극제화 상생의 이치로 土生金의 이치가 발생하여 최종적으로 金이 강하게 발생하는 문자와 소리이나 '아ᅀ' 자가 종합적으로 보유한 음양오행의 생극제화 상생상극의 이치로 土生金 金生水 水生木의 이치가 발생하여 최종적으로 木이 강하게 발생하는 문자와 소리가 되고 또 ':너ᅀᅵ'의 ':너' 자는 점 (·)이 2개로 상성의 시작은 낮으나 끝이 높은 소리의 초성으로 자음의 음양오행으로 火의 ㄴ에 중성·종성으로 모음의 음양오행으로 金의 ㅓ가 음양의 합으로 상합자의 이치로 만나 짝하여 완성된 문자와 소리가 자체적으로 보유한 음양오행의 생극제화 상극의 이치로 火剋金의 이치가 발생하여 최종적으로 火가 강하게 발생하는 문자와 소리가 되고 'ᅀᅵ' 자는 초성으로 자음의 음양오행으로 金의 ㅿ에 중성·종성의 모음의 음양오행으로 음양오행이 정해지지 않은

ㅣ가 음양의 합으로 상합자의 이치로 만나 짝하여 완성된 문자와 소리가 자체적으로 보유한 음양오행의 생극제화 상생상극의 이치가 모두가 金으로 발생하지 않아 최종적으로 金이 강하게 발생하는 문자와 소리이나 ':너ㅣ' 자가 종합적으로 보유한 음양오행의 생극제화 상극의 이치로 火剋金의 이치가 발생하나 金이 강하여 금다화식(金多火熄)의 이치가 발생하여 최종적으로 金이 강하게 발생하는 문자와 소리가 된다는 뜻이다.

이상은 훈민정음 한글 초성으로 자음을 각각 음양오행의 이치로 木은 ㄱㅋㆁ, 火는 ㄷㅌㄴㄹ, 土는 ㅂㅍㅁㅸ, 金은 ㅈㅊㅅㅿ, 水는 ㅎㅇ으로 구분하여 초성·중성·종성으로 자음과 모음이 음양의 합으로 상합자의 이치로 만나 짝하여 발생하는 문자와 소리의 木은 점(·)이 없는 문자는 봄·여름·가을·겨울 사계절 24절기의 이치로 따뜻하고 포근한 봄으로 평성의 온화하게 가장 낮은 소리, 火土는 점(·)이 2개인 문자는 뜨겁고 무더운 여름으로 상성의 온화하게 활동하는 시작은 낮으나 끝이 높은 소리, 金은 점(·)이 하나인 문자는 서늘한 가을로 거성의 일으켜 씩씩하게 가장 높은 소리, 水는 점(·)이 없는 문자는 춥고 얼어붙는 겨울로 입성의 빠르게 끝을 막는 소리로 구분하여 가장 맑고 깨끗하고 선명한 문자와 소리에는 각각 목화토금수의 기운작용이 발생하는 이치다.

"중성·如·톡위이 ·퐃위소두 드리위교 ·ㄱ래위추(中聲· 如·톡爲頤 ·퐃爲小豆 드리爲橋 ·ㄱ래爲楸)"

"훈민정음 한글 중성으로 모음의 `ㆍ`로 '·특' 자는 점(·)이 하나로 거성의 가장 높은 소리로 한자로 턱 '이(頤)' 자와 똑같아 지금의 '턱'이 되고 '·풋' 자는 점(·)이 하나로 거성의 가장 높은 소리로 한자로 작은 콩인 '소두(小豆)' 자와 똑같아 지금의 '작은 콩'과 '팥'이 되고 '드리' 자는 한자로 다리 '교(橋)' 자와 똑같아 지금의 '다리'가 되고 'ᄀ래' 자는 한자로 가래나무 '추(楸)' 자와 똑같아 멍석에 곡식을 골고루 펴서 말리는데 사용하는 지금의 '고무래'나 여럿이 자루가 긴 삽 위에 줄을 양쪽으로 매어 3명이 함께 힘을 모아 논두렁을 파는 데 사용하는 긴 삽으로 지금은 보기 힘든 '가래'이다."

위 내용은 대우주와 대자연에 존재하는 모든 만물과 사물의 천지인의 이치와 음양의 이치로 훈민정음 한글 초성·중성·종성으로 자음과 모음의 중성으로 모음의 가장 대표적인 `ㆍ`자는 가장 맑고 깨끗하고 선명한 문자와 소리는 음양오행의 이치로 土에 해당하는 동시에 초성·중성·종성으로 모음의 음양오행의 이치로 '·특' 자는 점(·)이 하나로 거성의 가장 높은 소리로 초성으로 자음의 음양오행으로 火의 ㅌ에 중성으로 모음의 음양오행으로 土의 `ㆍ`와 종성으로 자음의 음양오행으로 木의 ㄱ이 음양의 합으로 상합자의 이치로 만나 짝하여 완성된 문자와 소리가 자체적으로 보유한 음양오행의 생극제화 상생의 이치로 木生火 火生土의 이치가 발생하여 최종적으로 土가 강하게 발생하는 문자와 소리가 되고 또 '·풋' 자는 점(·)이 하나로 거성의 가장 높은 소리로 초성으로 자음의 음양오행으로 土의 ㅍ에 중성으로 모음의 음양오행으로 土의 ㆍ와 종성으로 자음의 음양오행으로 金의 ㅅ이 음양의 합으로 상합자의 이치로 만나 짝하여 완성된 문자와 소리가 자체적으로 보유한 음양오행의 생극제화 상생상극의 이치로 土生金의 이치가 발생하여 최종적으로 金이 강하게 발생하는 문자와 소리가 되고 또 '드리'의 '드' 자는 초성으로 자음의 음양오행으로 火의 ㄷ에 중성·종성으로 모음의 음양오행으로 土의 ㆍ가 음양의 합으로 상합자의 이치로 만나 짝하여 완성된 문자와 소리가 자체적으로 보유한 음양오행의 생극제화 상생의 이치로 火生土의 이치가 발생하여 최종적으로 土가 강하게 발생하는 문자와 소리가 되고 '리' 자는 초성으로 자음의 음양오행으로 火의 ㄹ에 중성·종성으로 모음의 음양오행으로 음양오행이 정해지지 않은 ㅣ가 음양의 합으로 상합자의 이치로 만나 짝하여 완성된 문자와 소리가 자체적으로 보유한 음양오행의 생극제화 상생상극의 이치가 모두가 火로 발생하지 않아 최종적으로 火가 강하게 발생하는 문자와 소리이나 '드리' 자가 종합적으로 보유한 음양오행의 생극제화 상생의 이치로 火生土의 이치가 발생하여 최종적으로 土가 강하게 발생하는 문자와 소리가 되고 또 'ㆆ래'의 'ㆆ' 자는 점(ㆍ)이 하나로 거성의 가장 높은 소리로 초성으로 자음의 음양오행으로 木의 ㄱ에 중성·종성으로 모음의 음양오행으로 土의 ㆍ이 음양의 합으로 상합자의 이치로 만나 짝하여 완성된 문자와 소리가 자체적으로 보유한 음양오행의 생극제화 상극의 이치로 木剋土의 이치가 발생하여 최종적으로 木이 강하게 발생하는 문자와 소리가 되고 '래' 자는 초성으로 자음의 음양오행으로 火의 ㄹ에 중성·종성으로 모음의 음양오행으로 木의 ㅐ가 음양의 합으로 상합자의 이치로 만나 짝하여 완성된 문자와 소리가 자체적으로 보유한 음양오행의 생극제화 상생의 이치로 木生火의 이치가 발생하여 최종적으로 火가 강하게 발생하는 문자와 소리이나 '·ᄀ래' 자가 종합적으로 보유한 음양오행의 생극제화 상생상극의 이치로 木生火 火生土의 이치가 발생하여 최종적으로 土가 강하게 발생하는 문자와 소리가 된다는 뜻이다.

"ㅡ 여·믈위수 ·발·측위근 그력위안 드·레위급기(ㅡ 如·믈爲水 ·발·측 爲跟 그력爲雁 드·레爲汲器)**"**

"훈민정음 한글 중성으로 모음의 ㅡ로 '·믈' 자는 점(·)이 하나로 거성의 가장 높은 소리로 한자로 물 '수(水)' 자와 똑같아 지금의 '물'이 되고 '·발·측' 자는 점(·)이 하나로 거성의 가장 높은 소리로 한자로 발꿈치 '근(跟)' 자와 똑같아 지금의 '발꿈치'가 되고 '그력' 자는 한자로 기러기 '안(雁)' 자와 똑같아 지금의 '기러기'가 되고 '드·레' 자는 한자로 물을 긷다 '급(汲)' 자와 그릇 '기(器)' 자와 똑같아 지금의 물을 뜨고 나르는 '두레박'이다."

위 내용은 대우주와 대자연에 존재하는 모든 만물과 사물의 천지인의 이치와 음양의 이치로 훈민정음 한글 초성·중성·종성으로 자음과 모음의 중성으로 모음의 가장 대표적인 ㅡ 자는 가장 맑고 깨끗하고 선명한 문자와 소리로 음양오행의 이치로 土에 해당하는 동시에 초성·중성·종성으로 자음과 모음의 음양오행의 이치로 '·믈' 자는 점(·)이 하나로 거성의 가장 높은 소리로 초성으로 자음의 음양오행으로 土의 ㅁ에 중성으로 모음의 음양오행으로 土의 ㅡ와 종성으로 자음의 음양오행으로 火의 ㄹ이 음양의 합으로 상합자의 이치로 만나 짝하여 완성된 문자와 소리가 자체적으로 보유한 음양오행의 생극제화 상생의 이치로 火生土의 이치가 발생하여 최종적으로 土가 강하게 발생하는 문자와 소리가 되고 또 '·발·측'의 '·발' 자는 점(·)이 하나로 거성의 가장 높은 소리로 초성으로 자음의 음양오행으로 土의 ㅂ에 중성으로 모음의 음양오행으로 木의 ㅏ와 종성으로 자음의 음양오행으로 火의 ㄹ이 음양의 합으로 상합자의 이치로 만나 짝하여 완성된 문자와 소리가 자체적으로 보유한 음양오행의 생극제화 생상의 이치로 木生火 火生土의 이치가 발생하여 최종적으로 土가 강하게 발생하는 문자와 소리가 되고 '·측' 자는 점(·)이 하나로 초성으로 자음의 음양오행으로 金의 ㅊ에 중성으로 모음의 음양오행으로 土의 ㅡ와 종성으로 자음의 음양오행으로 木의 ㄱ이 음양의 합으로 상합자의 이치로 만나 짝하여 완성된 문자와 소리가 자체적으로 보유한 음양오행의 생극제화 상생상극의 이치로 土生金 金剋木의 이치가 발생하여 최종적으로 金이 강하게 발생하는 문자와 소리이나 '·발·측' 자가 종합적으로 보유한 음양오행의 생극제화 상생의 이치로 木生火 火生土

土生金의 이치가 발생하여 최종적으로 金이 강하게 발생하는 문자와 소리가 되고 또 '그럭'의 '그' 자는 초성으로 자음의 음양오행으로 木의 ㄱ에 중성·종성으로 모음의 음양오행으로 土의 ㅡ가 음양의 합으로 상합자의 이치로 만나 짝하여 완성된 문자와 소리가 자체적으로 보유한 음양오행의 생극제화 상극의 이치로 木剋土의 이치가 발생하여 최종적으로 木이 강하게 발생하는 문자와 소리가 되고 '럭' 자는 초성으로 자음의 음양오행으로 火의 ㄹ에 중성으로 모음의 음양오행으로 木의 ㅕ에 종성으로 자음의 음양오행으로 木의 ㄱ이 음양의 합으로 상합자의 이치로 만나 짝하여 완성된 문자와 소리가 자체적으로 보유한 음양오행의 생극제화 상생의 이치로 木生火의 이치가 발생하여 최종적으로 火가 강하게 발생하는 문자와 소리이나 '그럭' 자가 종합적으로 보유한 음양오행의 생극제화 상생의 이치로 木生火 火生土의 이치가 발생하여 최종적으로 土가 강하게 발생하는 문자와 소리가 되고 또 '드·레'의 '드' 자는 초성으로 자음의 음양오행으로 火의 ㄷ에 중성·종성으로 모음의 음양오행으로 土의 ㅡ가 음양의 합으로 상합자의 이치로 만나 짝하여 완성된 문자와 소리가 자체적으로 보유한 음양오행의 생극제화 상생의 이치로 火生土의 이치가 발생하여 최종적으로 土가 강하게 발생하는 문자와 소리가 되고 '·레' 자는 점(·)이 하나로 거성의 가장 높은 소리로 초성으로 자음의 음양오행으로 火의 ㄹ에 중성·종성으로 모음의 음양오행으로 金의 ㅔ가 음양의 합으로 상합자의 이치로 만나 짝하여 완성된 문자와 소리가 자체적으로 보유한 음양오행의 생극제화 상생상극의 이치로 火魁金의 이치가 발생하여 최종적으로 火가 강하게 발생하는 문자와 소리이나 '드·레' 자가 종합적으로 보유한 음양오행의 생극제화 상생의 이치로 火生土 土生金의 이치가 발생하여 최종적으로 金이 강하게 발생하는 문자와 소리가 된다는 뜻이다.

"ㅣ如·깃위소 :밀위납 ·피위직 ·키위기(ㅣ 如·깃爲巢 :밀爲蠟 ·피爲稷 ·키爲箕)"

"훈민정음 한글 중성으로 모음의 ㅣ의 '·깃' 자는 점(·)이 하나로 거성의 가장 높은 소리로 한자로 새집 '소(巢)' 자와 똑같은 지금의 '새집'이 되고 ':밀' 자는 점(·)이 2개로 상성의 시작은 낮으나 끝이 높은 소리로 한자로 밀 '납(蠟)' 자와 똑같아 지금의 '벌집'이 되고 '·피' 자는 점(·)이 하나로 거성의 가장 높은 소리로 한자로 기장 '직(稷)' 자와 똑같아 지금의 '벼'가 되고 '·키' 자는 점(·)이 하나로 거성의 가장 높은 소리로 한자로 키 '기(箕)' 자와 똑같아 지금의 농촌에서 곡식의 티끌이나 작은 돌을 골라내는 데 사용하는 '키'다."

위 내용은 대우주와 대자연에 존재하는 모든 만물과 사물의 천지인의 이치와 음양의 이치로 훈민정음 한글 초성·중성·종성으로 자음과 모음의 중성으로 모음의 가장 대표적인 ㅣ 자는 가장 맑고 깨끗하고 선명한 문자와 소리이나 음양오행의 이치로 방위나 숫자의 이치가 정해지지 않아 음양오행의 기운이 발생하지 않는 중성자로서 중성·종성으로 동시에 자음과 모음으로 응용하는 문자로 초성·중성·종성으로 자음과 모음의 음양오행의 이치로 '·깃' 자는 점(·)이 하나로 거성의 가장 높은 소리의 초성으로 자음의 음양오행으로 木의 ㄱ에 중성으로 모음의 음양오행으로 음양오행이 정해지지 않은 ㅣ와 종성으로 자음의 음양오행으로 金의 ㅅ이 음양의 합으로 상합자의 이치로 만나 짝하여 완성된 문자와 소리가 자체적으로 보유한 음양오행의 생극제화 상극의 이치로 金剋木의 이치가 발생하여 최종적으로 金이 강하게 발생하는 문자와 소리가 되고 또 '·밀' 자는 점(·)이 2개로 상성의 시작은 낮으나 끝이 높은 소리로 초성으로 자음의 음양오행으로 土의 ㅁ에 중성으로 모음의 음양오행으로 음양오행이 정해지지 않은 ㅣ와 종성으로 자음의 음양오행으로 火의 ㄹ이 음양의 합으로 상합자의 이치로 만나 짝하여 완성된 문자와 소리가 자체적으로 보유한 음양오행의 생극제화 상생의 이치로 火生土의 이치가 발생하여 최종적으로 土가 강하게 발생하는 문자와 소리가 되고 또 '·피' 자는 점(·)이 하나로 거성의 가장 높은 소리로 초성으로 자음의 음양오행으로 土의 ㅍ에 중성·종성으로 모음의 음양오행으로 음양오행이 정해지지 않은 ㅣ가 음양의 합으로 상합자의 이치로 만나 짝하여 완성된 문자와 소리가 자체적으로 보유한 음양오행의 생극제화 상생상극의 이치가 발생하지 않아 최종적으로 土가 강하게 발생하는 문자와 소리가 되고 또 '·키' 자는 점(·)이 하나로 거성의 가장 높은 소리로 초성으로 자음의 음양오행으로 木의 ㅋ에 중성·종성으로 모음의 음양오행으로 음양오행이 정해지지 않는 ㅣ가 음양의 합으로 상합자의 이치로 만나 짝하여 완성된 문자와 소리가 자체적으로 보유한 음양오행의 생극제화 상생상극의 이치가 발생하지 않아 최종적으로 木이 강하게 발생하는 문자와 소리가 된다는 뜻이다.

　"ㅗ 여·논위수전 ·톱위거 호·미위서 벼·로위연(ㅗ 如·논爲水田 ·톱爲鉅 호·미爲鉏 벼·로爲硯)**"**

　"훈민정음 한글 중성으로 모음의 ㅗ의 '·논' 자는 점(·)이 하나로 거성의 가장 높은 소리로 한자로 물이 있는 밭의 '수전(水田)' 자와 똑같아 지금의 '물을 가두어 벼농사를 재배하는 논'이 되고 '톱' 자는 한자로 클 '거(鉅)' 자와 톱 '거(鋸)' 자와 똑같아 지금의 나무를 자르는 '톱'이 되고 '호·미' 자는 한자로 호미 '서(鉏)' 자와 똑같아 지금의 밭에서 고랑 파고 고르는 풀을 뽑을 때 사용하는 '호미'가 되고 '벼·로' 자는 한자로 벼루 돌 '연(硯)' 자와 똑같아 지금의 붓글씨를 쓰기 위해 먹을 가는 '벼루'이다."

　위 내용은 대우주와 대자연에 존재하는 모든 만물과 사물의 천지인의 이치와 음양의 이치로 훈민정음 한글 초성·중성·종성으로 자음과 모음의 중성으로 모음의 ㅗ자는 가장 맑고 깨끗하고 선명한 문자와 소리로 음양오행의 이치로 水에 해당하는 동시에 초성·중성·종성으로 자음과 모음의 음양오행의 이치로 '·논' 자는 점(·)이 하나로 거성의 가장 높은 소리로 초성으로 자음의 음양오행으로 火의 ㄴ에 중성으로 모음의 음양오행으로 水의 ㅗ에 종성으로 자음의 음양오행으로 火의 ㄴ이 음양의 합으로 상합자의 이치로 만나 짝하여 완성된 문자와 소리가 자체적으로 보유한 음양오행의 생극제화 상극의 이치로 水剋火의 이치가 발생하나 火가 강하여 화다수증(火多水烝)의 이치로 최종적으로 火가 강하게 발생하는 문자와 소리가 되고 또 '톱' 자는 점(·)이 하나로 거성의 가장 높은 소리로 초성으로 자음의 음양오행으로 火의 ㅌ에 중성으로 모음의 음양오행으로 水의 ㅗ와 종성으로 자음의 음양오행으로 土의 ㅂ이 음양의 합으로 상합자의 이치로 만나 짝하여 완성된 문자와 소리가 자체적으로 보유한 음양오행의 생극제화 상생상극의 이치로 火生土 土剋水의 이치가 발생하여 최종적으로 土가 강하게 발생하는 문자와 소리가 되고 또 '호·믜'의 '호' 자는 초성으로 자음의 음양오행으로 水의 ㅎ에 중성·종성으로 모음의 음양오행으로 水의 ㅗ가 음양의 합으로 상합자의 이치로 만나 짝하여 완성된 문자와 소리가 자체적으로 보유한 음양오행의 생극제화 상생상극의 이치로 모두가 水로 발생하지 않아 최종적으로 水가 강하게 발생하는 문자와 소리가 되고 '·믜' 자는 점(·)이 하나로 거성의 가장 높은 소리로 초성으로 자음의 음양오행으로 土의 ㅁ과 중성·종성으로 모음의 음양오행으로 土의 ㅣ이 음양의 합으로 상합자의 이치로 만나 짝하여 완성된 문자와 소리가 자체적으로 보유한 음양오행의 생극제화 상생상극의 이치로 모두가 土로 발생하지 않아 최종적으

로 土가 강하나 '호·미' 자가 종합적으로 보유한 음양오행의 생극제
화 상극의 이치로 土剋水의 이치가 발생하여 최종적으로 土가 강
하게 발생하는 문자와 소리가 되고 또 '벼·로'의 '벼' 자는 초성으로
자음의 음양오행으로 土의 ㅂ에 중성·종성으로 모음의 음양오행으
로 木의 ㅕ가 음양의 합으로 상합자의 이치로 만나 짝하여 완성된
문자와 소리가 자체적으로 보유한 음양오행의 생극제화 상극의 이
치로 木剋土의 이치가 발생하여 최종적으로 木이 강하게 발생하는
문자와 소리가 되고 '·로' 자는 점(·)이 하나로 거성의 가장 높은 소
리로 초성으로 자음의 음양오행으로 火의 ㄹ에 중성·종성으로 모
음의 음양오행으로 水의 ㅗ가 음양의 합으로 상합자의 이치로 만
나 짝하여 완성된 문자와 소리가 자체적으로 보유한 음양오행의
생극제화 상극의 이치로 水剋火의 이치가 발생하여 최종적으로 水
가 강하게 발생하는 문자와 소리이나 '벼·로' 자가 종합적으로 보유
한 음양오행의 생극제화 상생의 이치가 水生木 木生火 火生土의 이
치가 발생하여 최종적으로 土가 강하게 발생하는 문자와 소리가
된다는 뜻이다.

"ㅏ如·밥위반 ·낟위겸 이·아위종 사·슴위록(ㅏ 如·밥爲飯 ·낟爲鎌 이·아
爲綜 사·슴爲鹿)**"**

"훈민정음 한글 중성으로 모음의 ㅏ의 '·밥' 자는 점(·)이 하나로
거성의 가장 높은 소리로 한자로 밥 '반(飯)' 자와 똑같아 지금의
'밥'이 되고 '·낟' 자는 점(·)이 하나로 가장 높은 소리로 한자로 낫

'겸(鎌)' 자와 똑같은 지금의 풀을 베고 깎는 '낫'이 되고 '이·아' 자는 한자로 바디 '종(綜)' 자와 똑같아 지금의 베를 짜는 기구의 부속으로 '바디'가 되고 '사·슴' 자는 한자로 사슴 '록(鹿)' 자와 똑같아 지금의 '사슴'이다."

위 내용은 대우주와 대자연에 존재하는 모든 만물과 사물의 천지인의 이치와 음양의 이치로 훈민정음 한글 초성·중성·종성으로 자음과 모음의 중성으로 모음의 ㅏ자는 가장 맑고 깨끗하고 선명한 문자와 소리로 음양오행의 이치로 木에 해당하는 동시에 초성·중성·종성으로 자음과 모음의 음양오행의 이치로 '밥' 자는 점(·)이 하나로 거성의 가장 높은 소리로 초성으로 자음의 음양오행으로 土의 ㅂ에 중성으로 모음의 음양오행으로 木의 ㅏ와 종성으로 자음의 음양오행으로 土의 ㅂ이 음양의 합으로 상합자의 이치로 만나 짝하여 완성된 문자와 소리가 자체적으로 보유한 음양오행의 생극제화 상극의 이치로 木剋土의 이치가 발생하나 土가 강하여 토다목절(土多木折)의 이치가 발생하여 최종적으로 土가 강하게 발생하는 문자와 소리가 되고 또 '낟' 자는 점(·)이 하나로 거성의 가장 높은 소리로 초성으로 자음의 음양오행으로 火의 ㄴ에 중성으로 모음의 음양오행으로 木의 ㅏ와 종성으로 자음의 음양오행으로 火의 ㄷ이 음양의 합으로 상합자의 이치로 만나 짝하여 완성된 문자와 소리가 자체적으로 보유한 음양오행의 생극제화 상생의 이치로 木生火의 이치가 발생하여 최종적으로 火가 강하게 발생하는 문자와 소리가 되고 또 '이·아'의 '이' 자는 초성으로 자음의 음양오행으로 水의 ㅇ에 중성·종성으로 모음의 음양오행으로 음양오행이 정해지지 않은 ㅣ가 음양의 합으로 상합자의 이치로 만나 짝하여 완성된 문자와 소리가 자체적으로 보유한 음양오행의 생극제화 상생상극의 이치로 모두가 水로 발생하지 않아 水가 강하게 발생하는 문자와 소리가 되고 '·아' 자는 점(·)이 하나로 거성의 가장 높은 소리로 초성으로 자음의 음양오행으로 木의 ㅇ에 중성·종성으로 木의 ㅏ가 음양의 합으로 상합자의 이치로 만나 짝하여 완성된 문자와 소리가 자체적으로 보유한 음양오행의 생극제화 상생상극의 이치로 모두가 木으로 발생하지 않아 木이 강하게 발생하는 문자와 소리이나 '이·아' 자가 종합적으로 보유한 음양오행의 생극제화 상생의 이치로 水生木의 이치가 발생하여 최종적으로 木이 강하게 발생하는 문자와 소리가 되고 또 '사·슴'의 '사' 자는 초성으로 자음의 음양오행으로 金의 ㅅ에 중성·종성으로 모음의 음양오행으로 木의 ㅏ가 음양의 합으로 상합자의 이치로 만나 짝하여 완성된 문자와 소리가 자체적으로 보유한 음양오행의 생극제화 상극의 이치로 金剋木의 이치가 발생하여 최종적으로 金이 강하게 발생하는 문자와 소리가 되고 '·슴' 자는 점(·)이 하나로 거성의 가장 높은 소리로 초성으로 자음의 음양오행으로 金의 ㅅ에 중성으로 모음의 음양오행으로 土의 ㆍ와 종성으로 자음의 음양오행으로 土의 ㅁ이 음양의 합으로 상합자의 이치로 만나 짝하여 완성된 문자와 소리가 자체적으로 보유한 음양오행의 생극제화 상생의 이치로 土生金의 이치가 발생하여 최종적으로 金이 강하게 발생하는 문자와 소리이나 '사·슴' 자가 종합적으로 보유한 음양오행의 생극제화 상생상극의 이치로 土生金 金剋木의 이치가 발생하여 최종적으로 金이 강하게 발생하는 문자와 소리가 된다는 뜻이다.

"ㅜ 如숫위탄 ·울위리 누·에위천 구·리爲銅(ㅜ 如숫爲炭 ·울爲籬 누·에爲蚕 구·리爲銅)**"**

"훈민정음 한글 중성으로 모음의 ㅜ 자의 '숫' 자는 한자로 숯 '탄(炭)' 자와 똑같아 지금의 나무를 태워 만드는 '숯'이 되고 '·울' 자는 점(·)이 하나로 거성의 가장 높은 소리로 한자로 울타리 '리(籬)' 자와 똑같아 지금의 집의 담장이나 경계선으로 쓰는 '울타리' 가 되고 '누·에' 자는 한자로 누에 '전(蚕)' 자와 똑같아 지금의 뽕나무를 먹고 자라는 '누에고치'가 되고 '구·리' 자는 한자로 구리 '동(銅)' 자와 똑같아 지금의 전선으로 사용하는 금속으로 '구리'이다."

위 내용은 대우주와 대자연에 존재하는 모든 만물과 사물의 천지인의 이치와 음양의 이치로 훈민정음 한글 초성·중성·종성으로 자음과 모음의 중성으로 모음의 ㅜ자는 가장 맑고 깨끗하고 선명한 문자와 소리로 음양오행의 이치로 火에 해당하는 동시에 초성·중성·종성으로 자음과 모음의 음양오행의 이치로 '숫' 자는 초성으로 자음의 음양오행으로 金의 ㅅ에 중성으로 모음의 음양오행으로 火의 ㅜ와 종성으로 자음의 음양오행으로 金의 ㅅ이 음양의 합으로 상합자의 이치로 만나 짝하여 완성된 문자와 소리가 자체적으로 보유한 음양오행의 생극제화 상극의 이치로 火剋金의 이치가 발생하여 金이 강하여 금다화식(金多火熄)의 이치가 발생하여 최종적으로 金이 강하게 발생하는 문자와 소리가 되고 또 '·올' 자는 점(·)이 하나로 거성의 가장 높은 소리로 초성으로 자음의 음양오행으로 水의 ㅇ에 중성으로 모음의 음양오행으로 火의 ㅜ와 종성으로 자음의 음양오행으로 火의 ㄹ이 음양의 합으로 상합자의 이치로 만나 짝하여 완성된 문자와 소리가 자체적으로 보유한 음양오행의 생극제화 상극의 이치로 水剋火의 이치가 발생하여 水가 강하여 화다수증(火多水烝)의 이치가 발생하여 최종적으로 水가 강하게 발생하는 문자와 소리가 되고 또 '누·에'의 '누' 자는 초성·중성·종성으로 자음과 모음의 음양오행으로 火의 ㄴ에 중성·종성으로 모음의 음양오행으로 火의 ㅜ가 음양의 합으로 상합자의 이치로 만나 짝하여 완성된 문자와 소리가 모두 火로 자체적으로 보유한 음양오행의 생극제화 상생상극의 이치가 발생하지 않아 최종적으로 火가 강하게 발생하는 문자와 소리가 되고 '·에' 자는 점(·)이 하나로 거성의 가장 높은 소리로 초성으로 자음의 음양오행으로 水의 ㅇ에 중성·종성으로 모음의 음양오행으로 金의 ㅔ가 음양의 합으로 상합자의 이치로 만나 짝하여 완성된 문자와 소리가 자체적으로 보유한 음양오행의 생극제화 상생의 이치로 金生水의 이치가 발생하여 최종적으로 水가 강하게 발생하는 문자와 소리이나 '누·에'

자가 종합적으로 보유한 음양오행의 생극제화 상생상극의 이치로 金生水 水剋火의 이치가 발생하여 최종적으로 水가 강하게 발생하는 문자와 소리가 되고 또 '구·리'의 '구' 자는 초성으로 자음의 음양오행으로 木의 ㄱ에 중성·종성으로 모음의 음양오행으로 火의 ㅜ가 음양의 합으로 상합자의 이치로 만나 짝하여 완성된 문자와 소리가 자체적으로 보유한 음양오행의 생극제화 상생의 이치로 木生火의 이치가 발생하여 최종적으로 火가 강하게 발생하는 문자와 소리가 되고 '·리' 자는 점(·)이 하나로 거성의 가장 높은 소리로 초성으로 자음의 음양오행으로 火의 ㄹ에 중성·종성으로 모음의 음양오행으로 음양오행이 정해지지 않은 ㅣ와 음양의 합으로 상합자의 이치로 만나 짝하여 완성된 문자와 소리가 자체적으로 보유한 음양오행의 생극제화 상생상극의 이치로 모두가 火로 발생하지 않아 최종적으로 火가 강하게 발생하는 문자와 소리이나 '구·리' 자가 종합적으로 보유한 음양오행의 생극제화 상생의 이치로 木生火의 이치가 발생하여 최종적으로 火가 강하게 발생하는 문자와 소리가 된다는 뜻이다.

"ㅓ 여브섭위조 :널위판 서·리爲霜 버·들爲柳(ㅓ 如브섭爲竈 :널爲板 서·리爲霜 버·들爲柳)"

"훈민정음 한글 중성으로 모음의 ㅓ자의 '브섭' 자는 한자로 부엌 '조(竈)' 자와 똑같아 지금의 주방으로 '부엌'이 되고 ':널' 자는 점(·)이 2개로 상성의 시작은 낮으나 끝이 높은 소리로 한자로 널빤지

'판(板)' 자와 똑같아 지금의 나무로 만든 '널빤지'가 되고 '서·리'
자는 한자로 서리 '상(霜)' 자와 똑같아 지금의 가을에 땅속에 하얗
게 내리는 '서리'가 되고 '버·들' 자는 한자로 버들 '류(柳)' 자와 똑
같아 지금의 능수버들의 '버드나무'이다."

　위 내용은 대우주와 대자연에 존재하는 모든 만물과 사물의 천
지인의 이치와 음양의 이치로 훈민정음 한글 초성·중성·종성으로
자음과 모음의 중성으로 모음의 ㅓ자는 가장 맑고 깨끗하고 선명
한 문자와 소리로 음양오행의 이치로 金에 해당하는 동시에 초성·
중성·종성으로 자음과 모음의 음양오행의 이치로 '브섭'의 '브' 자
는 초성으로 자음의 음양오행으로 土의 ㅂ에 중성·종성으로 土의
ㅡ가 음양의 합으로 상합자의 이치로 만나 짝하여 완성된 문자와
소리가 자체적으로 보유한 음양오행의 생극제화 상생상극의 이치
로 모두가 土로 발생하지 않아 최종적으로 土가 강하게 발생하는
문자와 소리가 되고 '섭' 자는 초성으로 자음의 음양오행으로 金의
ㅿ에 중성으로 모음의 음양오행으로 金의ㅓ와 종성으로 모음의 음
양오행으로 土의 ㅂ이 음양의 합으로 상합자의 이치로 만나 짝하
여 완성된 문자와 소리가 자체적으로 보유한 음양오행의 생극제화
상생의 이치로 土生金의 이치가 발생하여 최종적으로 金이 강하게
발생하는 문자와 소리이나 '브섭' 자가 종합적으로 보유한 음양오행
의 생극제화 상생의 이치로 土生金의 이치가 발생하여 최종적으로
金이 강하게 발생하는 문자와 소리가 되고 또 ':널' 자는 점(·)이 2

개로 상성의 시작은 낮으나 끝이 높은 소리로 초성으로 자음의 음
양오행으로 火의 ㄴ에 중성으로 모음의 음양오행으로 金의 ㅓ와 종
성으로 자음의 음양오행으로 火의 ㄹ이 음양의 합으로 상합자의
이치로 만나 짝하여 완성된 문자와 소리가 자체적으로 보유한 음
양오행의 생극제화 상극의 이치로 火剋金의 이치가 발생하여 최종
적으로 火가 강하게 발생하는 문자와 소리가 되고 또 '서·리'의 '서'
자는 초성으로 자음의 음양오행으로 金의 ㅅ에 중성·종성으로 모
음의 음양오행으로 金의 ㅓ가 음양의 합으로 상합자의 이치로 만나
짝하여 완성된 문자와 소리가 자체적으로 보유한 음양오행의 생극
제화 상생상극의 이치로 모두가 金으로 발생하지 않아 최종적으로
金이 강하게 발생하는 문자와 소리가 되고 '·리' 자는 점(·)이 하나
로 거성의 가장 높은 소리로 초성으로 자음의 음양오행으로 火의
ㄹ이 중성·종성으로 모음의 음양오행으로 음양오행이 정해지지 않
은 ㅣ가 음양의 합으로 상합자의 이치로 만나 짝하여 완성된 문자
와 소리가 자체적으로 보유한 음양오행의 생극제화 상생상극의 이
치가 모두가 火로 발생하지 않아 최종적으로 火가 강하게 발생하
는 문자와 소리이나 '서·리' 자가 종합적으로 보유한 음양오행의 생
극제화 상극의 이치로 火剋金의 이치가 발생하여 최종적으로 火
가 강하게 발생하는 문자와 소리가 되고 또 '버·들'의 '버' 자는 초
성으로 자음의 음양오행으로 土의 ㅂ에 중성·종성으로 모음의 음
양오행으로 金의 ㅓ가 음양의 합으로 상합자의 이치로 만나 짝하

여 완성된 문자와 소리가 자체적으로 보유한 음양오행의 생극제화 상생의 이치로 土生金의 이치가 발생하여 최종적으로 金이 강하게 발생하는 문자와 소리가 되고 '·들' 자는 점(·)이 하나로 거성의 가장 높은 소리로 초성으로 자음의 음양오행으로 火의 ㄷ에 중성으로 모음의 음양오행으로 土의 ㅡ와 종성으로 자음의 음양오행으로 火의 ㄹ이 음양의 합으로 상합자의 이치로 만나 짝하여 완성된 문자와 소리가 자체적으로 보유한 음양오행의 생극제화 상생의 이치로 火生土의 이치가 발생하여 최종적으로 土가 강하게 발생하는 문자와 소리이나 '버·들' 자가 종합적으로 보유한 음양오행의 생극제화 상생의 이치로 火生土 土生金의 이치가 발생하여 최종적으로 金이 강하게 발생하는 문자와 소리가 된다는 뜻이다.

"ㅛ 여:종위노 ·고욤위영 ·쇼爲牛 삽됴위창출채(ㅛ 如:종爲奴 ·고욤爲 梬 ·쇼爲牛 삽됴爲蒼朮菜)**"**

"훈민정음 한글 중성으로 모음의 ㅛ자의 ':종' 자는 점(·)이 2개로 상성의 시작은 낮으나 끝이 높은 소리로 한자로 종 '노(奴)' 자와 똑같아 지금의 '종이나 노예'가 되고 '고욤' 자는 한자로 고욤나무 '염(梬)' 자와 똑같아 지금의 '고욤'이 되고 '·쇼' 자는 점(·)이 하나로 가장 높은 소리로 한자로 소 '우(牛)' 자와 똑같아 지금의 '소'가 되고 '삽됴' 자는 한자로 푸를 '창(蒼)' 자나 차조 '출(朮)' 자나 나물 '채(菜)' 자와 똑같아 지금의 푸른 청색의 '나물이나 채소'이다."

위 내용은 대우주와 대자연에 존재하는 모든 만물과 사물의 천

지인의 이치와 음양의 이치로 훈민정음 한글 초성·중성·종성으로 자음과 모음의 중성으로 모음의 ㅛ자는 가장 맑고 깨끗하고 선명한 문자와 소리로 음양오행의 이치로 火에 해당하는 동시에 초성·중성·종성으로 자음과 모음의 음양오행의 이치로 ':죵' 자는 점(·)이 2개로 상성의 시작은 낮으나 끝이 높은 소리로 초성으로 자음의 음양오행으로 金의 ㅈ에 중성으로 모음의 음양오행으로 火의 ㅛ와 종성으로 자음의 음양오행으로 木의 ㅇ이 음양의 합으로 상합자의 이치로 만나 짝하여 완성된 문자와 소리가 자체적으로 보유한 음양오행의 생극제화 상생상극의 이치로 木生火 火剋金의 이치가 발생하여 최종적으로 火가 강하게 발생하는 문자와 소리가 되고 또 '고욤'의 '고' 자는 점(·)이 하나로 거성의 가장 높은 소리로 초성으로 자음의 음양오행으로 木의 ㄱ이 중성·종성으로 水의 ㅗ가 음양의 합으로 상합자의 이치로 만나 짝하여 완성된 문자와 소리가 자체적으로 보유한 음양오행의 생극제화 상생의 이치로 水生木의 이치가 발생하여 최종적으로 木이 강하게 발생하는 문자와 소리가 되고 '욤' 자는 초성으로 水의 ㅇ이 중성으로 모음의 음양오행으로 火의 ㅛ와 종성으로 자음의 음양오행으로 土의 ㅁ이 음양의 합으로 상합자의 이치로 만나 짝하여 완성된 문자와 소리가 자체적으로 보유한 음양오행의 생극제화 상생상극의 이치로 火生土 土剋水의 이치가 발생하여 최종적으로 土가 강하게 발생하는 문자와 소리이나 '고욤' 자가 종합적으로 보유한 음양오행의 생극제화 상생의 이치로 水生木 木生火 火生土의 이치가 발생하여 최종적으로 土가 강하게 발생하는 문자와 소리가 되고 또 '·쇼' 자는 점(·)이 하나로 거성의 가장 높은 소리로 초성으로 金의 ㅅ이 중성·종성으로 모음의 음양오행으로 火의 ㅛ가 음양의 합으로 상합자의 이치로 만나 짝하여 완성된 문자와 소리가 자체적으로 보유한 음양오행의 생극제화 상극의 이치로 火尅金의 이치가 발생하여 최종적으로 火가 강하게 발생하는 문자와 소리가 되고 또 '삽됴'의 '삽' 자는 초성으로 자음의 음양오행으로 金의 ㅅ이 중성으로 모음의 음양오행으로 木의 ㅏ와 종성으로 자음의 음양오행으로 土의 ㅂ이 음양의 합으로 상합자의 이치로 만나 짝하여 완성된 문자와 소리가 자체적으로 보유한 음양오행의 생극제화 상생상극의 이치로 土生金 金尅木의 이치가 발생하여 최종적으로 金이 강하게 발생하는 문자와 소리가 되고 '됴' 자는 초성으로 자음의 음양오행으로 火의 ㄷ에 중성·종성으로 모음의 음양오행으로 火의 ㅛ이 음양의 합으로 상합자의 이치로 만나 짝하여 완성된 문자와 소리가 자체적으로 보유한 음양오행의 생극제화 상생상극의 이치로 모두가 火로 발생하지 않아 최종적으로 火가 강하게 발생하는 문자와 소리이나 '삽됴' 자가 종합적으로 보유한 음양오행의 생극제화 상생의 이치로 木生火 火生土 土生金의 이치가 발생하여 최종적으로 金이 강하게 발생하는 문자와 소리가 된다는 뜻이다.

"ㅑ 여남샹위구 약위구벽 다·야위이 쟈감위교맥피(ㅑ 如남샹爲龜

약爲龜鼈 다·야爲匜 쟈감爲蕎麥皮)"

　"훈민정음 한글 중성으로 모음의 ㅑ자의 '남샹' 자는 한자로 나라이름 거북 '구(龜)' 자와 똑같아 지금의 바다에 사는 '거북'이 되고 '약' 자는 한자로 개구리 '구(龜)' 자와 거북 '벽(鼈)' 자와 똑같아 지금의 개구리와 거북이와 비슷한 남생이가 '약'이 되고 '다·야' 자는 한자로 손대야 '이(匜)' 자와 똑같아 지금의 얼굴을 씻는 그릇의 '대야'가 되고 '쟈감' 자는 한자로 메밀 '교(蕎)' 자와 보리 '맥(麥)' 자와 껍질 '피(皮)' 자와 똑같아 지금의 '껍질이 있는 곡식으로 메밀과 보리'이다."

　위 내용은 대우주와 대자연에 존재하는 모든 만물과 사물의 천지인의 이치와 음양의 이치로 훈민정음 한글 초성·중성·종성으로 자음과 모음의 중성으로 모음의 ㅑ자는 가장 맑고 깨끗하고 선명한 문자와 소리로 음양오행의 이치로 金에 해당하는 동시에 초성·중성·종성으로 자음과 모음의 음양오행의 이치로 '남샹'의 '남' 자는 초성으로 자음의 음양오행으로 火의 ㄴ에 중성으로 모음의 음양오행으로 木의 ㅏ와 종성으로 자음의 음양오행으로 土의 ㅁ이 음양의 합으로 상합자의 이치로 만나 짝하여 완성된 문자와 소리가 자체적으로 보유한 음양오행의 생극제화 상생의 이치로 木生火 火生土의 이치가 발생하여 최종적으로 土가 강하게 발생하는 문자와 소리가 되고 '샹' 자는 초성·중성·종성으로 자음과 모음의 음양오행으로 초성으로 자음의 음양오행으로 金의 ㅅ에 중성으로 모

음의 음양오행으로 金의 ㅑ와 종성으로 자음의 음양오행으로 木
의 ㅇ이 음양의 합으로 상합자의 이치로 만나 짝하여 완성된 문자
와 소리가 자체적으로 보유한 음양오행의 생극제화 상극의 이치로
金剋木의 이치가 발생하여 최종적으로 金이 강하게 발생하는 문자
와 소리이나 '남샹' 자가 종합적으로 보유한 음양오행의 생극제화
상생의 이치로 木生火 火生土 土生金의 이치가 발생하여 최종적
으로 金이 강하게 발생하는 문자와 소리가 되고 또 '약' 자는 초성
으로 자음의 음양오행으로 水의 ㅇ에 중성으로 모음의 음양오행으
로 金의 ㅑ와 종성으로 자음의 음양오행으로 木의 ㄱ이 음양의 합
으로 상합자의 이치로 만나 짝하여 완성된 문자와 소리가 자체적
으로 보유한 음양오행의 생극제화 상생의 이치로 金生水 水生木의
이치가 발생하여 최종적으로 木이 강하게 발생하는 문자와 소리가
되고 또 '다·야'의 '다' 자는 초성으로 자음의 음양오행으로 火의
ㄷ에 중성·종성으로 모음의 음양오행으로 木의 ㅏ가 음양의 합으
로 상합자의 이치로 만나 짝하여 완성된 문자와 소리가 자체적으
로 보유한 음양오행의 생극제화 상생의 이치로 木生火의 이치가 발
생하여 火가 강하게 발생하는 문자와 소리가 되고 '·야' 자는 점(·)
이 하나로 거성의 가장 높은 소리로 초성으로 자음의 음양오행으
로 水의 ㅇ에 중성·종성으로 모음의 음양오행으로 金의 ㅑ가 음양
의 합으로 상합자의 이치로 만나 짝하여 완성된 문자와 소리가 자
체적으로 보유한 음양오행의 생극제화 상생의 이치로 金生水의 이

치가 발생하여 최종적으로 水가 강하게 발생하는 문자와 소리이나 '다·야' 자가 종합적으로 보유한 음양오행의 생극제화 상생의 이치로 金生水 水生木 木生火의 이치가 발생하여 최종적으로 火가 강하게 발생하고 또 '쟈감'의 '쟈' 자는 초성으로 자음의 음양오행으로 金의 ㅈ에 중성·종성으로 모음의 음양오행으로 金의 ㅑ가 음양의 합으로 상합자의 이치로 만나 짝하여 완성된 문자와 소리가 자체적으로 보유한 음양오행의 생극제화 상생상극의 이치로 모두가 金으로 발생하지 않아 金이 강하게 발생하는 문자와 소리가 되고 '감' 자는 초성으로 자음의 음양오행으로 木의 ㄱ에 중성으로 모음의 음양오행으로 음양오행이 정해지지 않은 ㅣ와 종성으로 자음의 음양오행으로 土의 ㅁ이 음양의 합으로 상합자의 이치로 만나 짝하여 완성된 문자와 소리가 자체적으로 보유한 음양오행의 생극제화 상극의 이치로 木剋土의 이치가 발생하여 최종적으로 木이 강하게 발생하는 문자와 소리이나 '쟈감' 자가 종합적으로 보유한 음양오행의 생극제화 상생상극의 이치로 土生金 金剋木의 이치가 발생하여 최종적으로 金이 강하게 발생하는 문자와 소리가 된다는 뜻이다.

"ㅠ 여율믜위의이 쥭위반초 슈·륳위우산 쥬련위세(ㅠ 如율믜爲薏苡 쥭爲飯乘 슈·륳爲雨繖 쥬련爲帨)**"**

"훈민정음 한글 중성으로 모음의 ㅠ자의 '율믜' 자는 한자로 율무 '의(薏)' 자와 율무 '이(苡)' 자와 똑같아 지금의 '율무'가 되고

'죽' 자는 한자로 밥 '반(飯)' 자와 어그러질 '괴(乖)' 자와 '초(乘)' 자와 똑같아 지금의 밥으로 죽을 끓여 먹는 '죽'이 되고 '슈·룹' 자는 한자로 비 '우(雨)' 자와 우산 '산(繖)' 자와 똑같아 지금의 '우산'이 되고 '쥬련' 자는 한자로 닦는 수건 '세(帨)' 자 똑같아 지금의 얼굴이나 손을 닦는 '수건'이다."

위 내용은 대우주와 대자연에 존재하는 모든 만물과 사물의 천지인의 이치와 음양의 이치로 훈민정음 한글 초성·중성·종성으로 자음과 모음의 중성으로 모음의 ㅠ자는 가장 맑고 깨끗하고 선명한 문자와 소리로 음양오행의 이치로 水가 발생하는 동시에 초성·중성·종성으로 자음과 모음의 음양오행의 이치로 율믜의 '율' 자는 초성으로 자음의 음양오행으로 水의 ㅇ에 중성으로 모음의 음양오행으로 水의 ㅠ와 종성으로 자음의 음양오행으로 火의 ㄹ이 음양의 합으로 상합자의 이치로 만나 짝하여 완성된 문자와 소리가 자체적으로 보유한 음양오행의 생극제화 상극의 이치로 水剋火의 이치가 발생하여 최종적으로 水가 강하게 발생하는 문자와 소리가 되고 '믜' 자는 초성으로 자음의 음양오행으로 土의 ㅁ에 중성·종성으로 모음의 음양오행으로 土의 ㅢ가 음양의 합으로 상합자의 이치로 만나 짝하여 완성된 문자와 소리가 자체적으로 보유한 음양오행의 생극제화 상극의 이치로 土剋水의 이치가 발생하여 土가 강하게 발생하는 문자와 소리이나 '율믜' 자가 종합적으로 보유한 음양오행의 생극제화 상생상극의 이치로 火生土 土剋水의 이치가

발생하여 최종적으로 土가 강하게 발생하는 문자와 소리가 되고
또 '쥭' 자는 초성으로 자음의 음양오행으로 金의 ㅈ에 중성으로
모음의 음양오행으로 水의 ㅠ와 종성으로 자음의 음양오행으로 木
의 ㄱ이 음양의 합으로 상합자의 이치로 만나 짝하여 완성된 문자
와 소리가 자체적으로 보유한 음양오행의 생극제화 상생의 이치로
金生水 水生木의 이치가 발생하여 최종적으로 木이 강하게 발생하
는 문자와 소리가 되고 또 '슈·룹'의 '슈' 자는 초성으로 자음의 음
양오행으로 金의 ㅅ에 중성·종성으로 모음의 음양오행으로 水의
ㅠ가 음양의 합으로 상합자의 이치로 만나 짝하여 완성된 문자와
소리가 자체적으로 보유한 음양오행의 생극제화 상생의 이치로 金
生水의 이치가 발생하여 최종적으로 水가 강하게 발생하는 문자
와 소리가 되고 '·룹' 자는 점(·)이 하나로 거성의 가장 높은 소리로
초성으로 자음의 음양오행으로 火의 ㄹ에 중성으로 모음의 음양오
행으로 火의 ㅜ와 종성으로 자음의 음양오행으로 土의 ㅂ이 음양
의 합으로 상합자의 이치로 만나 짝하여 완성된 문자와 소리가 자
체적으로 보유한 음양오행의 생극제화 상생의 이치로 火生土의 이
치가 발생하여 최종적으로 土가 강하게 발생하는 문자와 소리이나
'슈·룹' 자가 종합적으로 보유한 음양오행의 생극제화 상생의 이치
로 火生土 土生金 金生水의 이치가 발생하여 최종적으로 水가 강
하게 발생하는 문자와 소리가 되고 또 '쥬련'의 '쥬' 자는 초성으로
자음의 음양오행으로 金의 ㅈ에 중성·종성으로 모음의 음양오행으

로 水의 ㅠ가 음양의 합으로 상합자의 이치로 만나 짝하여 완성된 문자와 소리가 자체적으로 보유한 음양오행의 생극제화 상생의 이치로 金生水의 이치가 발생하여 최종적으로 水가 강하게 발생하는 문자와 소리가 되고 '련' 자는 초성으로 자음의 음양오행으로 火의 ㄹ에 중성으로 모음의 음양오행으로 木의 ㅕ와 종성으로 자음의 음양오행으로 火의 ㄴ이 음양의 합으로 상합자의 이치로 만나 짝하여 완성된 문자와 소리가 자체적으로 보유한 음양오행의 생극제화 상생의 이치로 木生火의 이치가 발생하여 최종적으로 火가 강하게 발생하는 문자와 소리이나 '쥬련' 자가 종합적으로 보유한 음양오행의 생극제화 상생의 이치로 金生水 水生木 木生火의 이치가 발생하여 최종적으로 火가 강하게 발생하는 문자와 소리가 된다는 뜻이다.

"ㅕ 여·엿위이당 ·뎔위불사 ·벼위도 :져비위연(ㅕ 如·엿爲飴餹 ·뎔爲佛寺 ·벼爲稻 :져비爲燕)"

"훈민정음 한글의 중성으로 모음의 ㅕ자의 '·엿' 자는 점(·)이 하나로 거성의 가장 높은 소리로 한자로 엿 '이(飴)' 자와 엿 '당(餹)' 자와 똑같아 지금의 '엿'이 되고 '·뎔' 자는 점(·)이 하나로 거성의 가장 높은 소리로 한자로 부처 '불(佛)' 자와 절 '사(寺)' 자와 똑같아 지금의 '절'이나 '사찰'이 되고 '·벼' 자는 점(·)이 하나로 거성의 가장 높은 소리로 한자로 벼 ';도(稻)' 자와 똑같아 지금의 '벼'가 되고 ':져비' 자는 점(·)이 2개로 상성의 시작은 낮으나 끝이 높은 소리로 한자로 제비 '연(燕)' 자와 똑같아 지금의 '제비'이다."

위 내용은 대우주와 대자연에 존재하는 모든 만물과 사물의 천지인의 이치와 음양의 이치로 훈민정음 한글 초성·중성·종성으로 자음과 모음의 중성으로 모음의 ㅕ자는 가장 맑고 깨끗하고 선명한 문자와 소리로 음양오행의 이치로 木에 해당하는 동시에 초성·중성·종성으로 자음과 모음의 음양오행의 이치로 '·엿' 자는 점(·)이 하나로 거성의 가장 높은 소리로 초성으로 자음의 음양오행으로 水의 ㅇ에 중성으로 모음의 음양오행으로 木의 ㅕ와 종성으로 자음의 음양오행으로 金의 ㅅ이 음양의 합으로 상합자의 이치로 만나 짝하여 완성된 문자와 소리가 자체적으로 보유한 음양오행의 생극제화 상생의 이치로 金生水 水生木의 이치가 발생하여 최종적으로 木이 강하게 발생하는 문자와 소리가 되고 또 '·뎔' 자는 점(·)이 하나로 거성의 가장 높은 소리로 초성으로 자음의 음양오행으로 火의 ㄷ에 중성으로 모음의 음양오행으로 木의 ㅕ와 종성으로 모음의 음양오행으로 火의 ㄹ이 음양의 합으로 상합자의 이치로 만나 짝하여 완성된 문자와 소리가 자체적으로 보유한 음양오행의 생극제화 상생의 이치로 木生火의 이치가 발생하여 최종적으로 火가 강하게 발생하는 문자와 소리가 되고 또 '·벼' 자는 점(·)이 하나로 거성의 가장 높은 소리로 초성으로 자음의 음양오행으로 土의 ㅂ에 중성·종성으로 모음의 음양오행으로 木의 ㅕ가 음양의 합으로 상합자의 이치로 만나 짝하여 완성된 문자와 소리가 자체적으로 보유한 음양오행의 생극제화 상극의 이치로 木剋土의 이치가 발생하여 최종적으로 木이 강하게 발생하는 문자와 소리가 되고 또 ':져비'의 ':져' 자는 점(·)이 2개로 상성의 시작은 낮으나 끝이 높은 소리로 초성으로 자음의 음양오행으로 金의 ㅈ에 중성·종성으로 모음의 음양오행으로 木의 ㅕ가 음양의 합으로 상합사의 이치로 만나 짝하여 완성된 문자와 소리가 자체적으로 보유한 음양오행의 생극제화 상극의 이치로 金剋木의 이치가 발생하여 최종적으로 金이 강하게 발생하는 문자와 소리가 되고 '비' 자는 초성으로 자음의 음양오행으로 土의 ㅂ에 중성·종성으로 모음의 음양오행으로 음양오행이 정해지지 않은 ㅣ와 음양의 합으로 상합자의 이치로 만나 짝하여 완성된 문자와 소리가 자체적으로 보유한 음양오행의 생극제화 상생상극의 이치가 발생하지 않아 최종적으로 土가 강하게 발생하는 문자와 소리이나 ':져비' 자가 종합적으로 보유한 음양오행의 생극제화 상생상극의 이치로 土生金 金剋木의 이치가 발생하여 최종적으로 金이 강하게 발생하는 문자와 소리가 된다는 뜻이다.

이상은 훈민정음 한글 초성·중성·종성으로 중성으로 모음도 각각 목화토금수의 이치로 가장 대표적인 ·ㅡㅣ자는 하늘과 땅과 사람으로 천지인의 이치로 ·는 하늘로 火이나 현재는 사용하지 않아 음양오행이 없고 ㅡ는 땅으로 土이며 ㅣ는 사람으로 木이나 사람은 무극의 정수로 저리나 숫자를 논할 수가 없어 중성자로서 음양오행이 없는 것이 특징으로 중성으로 모음의 음양오행의 이치는 木은

ㅏㅕ, 火는 ㅛㅜ, 土는 ㅡ, 金은 ㅓㅑ, 水는 ㅗㅠ가 되어 초성으로 자음과 음양의 합으로 상합자의 이치로 만나 짝하여 완성된 문자와 소리는 음양오행의 생극제화 상생상극의 이치에 따라 가장 맑고 깨끗하고 선명한 목화토금수 음양오행의 기운이 발생한다는 뜻이다.

"終聲ㄱ 여닥위저 독위옹(終聲ㄱ 如닥爲楮 독爲甕)**"**

"훈민정음 한글 종성으로 자음의 ㄱ을 응용하는 '닥' 자는 한자로 닥나무 '저(楮)' 자와 똑같아 지금의 '닥나무'가 되고 '독' 자는 한자로 독 '옹(甕)' 자와 똑같아 지금의 집 뒤꼍이나 옥상의 장독의 '단지나 옹기'이다."

위 내용은 대우주와 대자연에 존재하는 모든 만물과 사물의 천지인의 이치와 음양의 이치로 훈민정음 한글 초성·중성·종성으로 자음과 모음으로 종성으로 자음의 ㄱ자는 가장 맑고 깨끗하고 선명한 문자와 소리로 음양오행의 이치로 木이 발생하는 동시에 초성·중성·종성으로 자음과 모음의 음양오행의 이치로 '닥' 자는 초성으로 자음의 음양오행으로 火의 ㄷ에 중성으로 모음의 음양오행으로 木의 ㅏ와 종성으로 木의 ㄱ이 음양의 합으로 상합자의 이치로 만나 짝하여 완성된 문자와 소리가 자체적으로 보유한 음양오행의 생극제화 상생의 이치로 木生火의 이치가 발생하여 최종적으로 火가 강하게 발생하는 문자와 소리가 되고 또 '독' 자는 초성으로 자음의 음양오행으로 火의 ㄷ에 중성으로 모음의 음양오행으로 水의 ㅗ와 종성으로 자음의 음양오행으로 木의 ㄱ이 음양의 합으로 상합자의 이치로 만나 짝하여 완성된 문자와 소리가 자체적으로 보유한 음양오행의 생극제화 상생의 이치로 水生木 木生火의 이치가 발생하여 최종적으로 火가 강하게 발생하는 문자와 소리가 된다는 뜻이다.

"ㆁ 여:굼벙위제조 ·올창위과두(ㆁ 如:굼벙爲蠐螬 ·올창爲蝌蚪)**"**

"훈민정음 한글 종성으로 자음의 ㆁ을 응용하는 ':굼벙' 자는 점 (·)이 2개로 상성의 시작은 낮으나 끝이 높은 소리로 한자로 굼벵이 '제(蠐)' 자와 굼벵이 '조(螬)' 자와 똑같아 지금의 '굼벵이'가 되고 '·올창' 자는 점(·)이 하나로 거성의 가장 높은 소리로 한자로 올챙이 '과(蝌)' 자와 올챙이 '두(蚪)' 자와 똑같아 지금의 개구리의 알에서 깨어나 성장하여 개구리가 되는 '올챙이'이다."

위 내용은 대우주와 대자연에 존재하는 모든 만물과 사물의 천지인의 이치와 음양의 이치로 훈민정음 한글 초성·중성·종성으로 자음과 모음으로 종성으로 자음의 ㆁ자는 가장 맑고 깨끗하고 선명한 문자와 소리로 음양오행의 이치로 木이 발생하는 동시에 초성·중성·종성으로 자음과 모음의 음양오행으로 ':굼벙'의 ':굼' 자는 점(·)이 2개로 상성의 시작은 낮으나 끝이 높은 소리로 초성으로 자음의 음양오행으로 木의 ㄱ에 중성으로 모음의 음양오행으로 火의 ㅜ와 종성으로 자음의 음양오행으로 木의 ㆁ이 음양의 합으로 상합자의 이치로 만나 짝하여 완성된 문자와 소리가 자체적으로 보유한 음양오행의 생극제화 상생의 이치로 木生火의 이치가 발

생하여 최종적으로 火가 강하게 발생하는 문자와 소리가 되고 '벙'
자는 초성으로 자음의 음양오행으로 土의 ㅂ에 중성으로 모음의
음양오행으로 金의 ㅓ와 종성으로 자음의 음양오행으로 木의 ㅇ이
음양의 합으로 상합자의 이치로 만나 짝하여 완성된 문자와 소리
가 자체적으로 보유한 음양오행의 생극제화 상생상극의 이치로 土
生金 金剋木의 이치가 발생하여 최종적으로 金이 강하게 발생하
는 문자와 소리이나 ':굼벙' 자가 종합적으로 보유한 음양오행의 생
극제화 상생상극의 이치로 木生火 火生土 土生金의 이치가 발생하
여 최종적으로 金이 강하게 발생하는 문자와 소리가 되고 또 '·올
창'의 '·올' 자는 점(·)이 하나로 거성의 가장 높은 소리로 초성으
로 자음의 음양오행으로 水의 ㅇ에 중성으로 모음의 음양오행으로
水의 ㅗ와 종성으로 자음의 음양오행으로 火의 ㄹ이 음양의 합으
로 상합자의 이치로 만나 짝하여 완성된 문자와 소리가 자체적으
로 보유한 음양오행의 생극제화 상극의 이치로 水剋火의 이치가 발
생하여 최종적으로 水가 강하게 발생하는 문자와 소리가 되고 '창'
자는 초성으로 자음의 음양오행으로 金의 ㅊ에 중성으로 모음의
음양오행으로 木의 ㅏ와 중성으로 자음의 음양오행으로 木의 ㅇ이
음양의 합으로 상합자의 이치로 만나 짝하여 완성된 문자와 소리
가 자체적으로 보유한 음양오행의 생극제화 상극의 이치로 金剋木
의 이치가 발생하나 木이 강하여 목다금결(木多金缺)의 이치가 발
생하여 최종적으로 木이 강하게 발생하는 문자와 소리이나 '·올창'

자가 종합적으로 보유한 음양오행의 생극제화 상생상극의 이치로 金生水 水生木 木生火의 이치가 발생하여 최종적으로 火가 강하게 발생하는 문자와 소리가 된다는 뜻이다.

"ㄷ 여·갇위립 싇위풍(ㄷ 如·갇爲笠 싇爲楓)"

"훈민정음 한글 종성으로 자음의 ㄷ을 응용하는 '·갇' 자는 점(·)이 하나로 거성의 가장 높은 소리로 한자로 삿갓 '립(笠)' 자와 똑같아 옛날에는 남자들이 많이 모자 대용으로 머리에 쓰고 다녔지만 지금은 찾아보기가 힘든 '갓'이 되고 '싇' 자는 한자로 단풍나무 '풍(楓)' 자와 똑같아 지금의 '단풍나무'이다."

위 내용은 대우주와 대자연에 존재하는 모든 만물과 사물의 천지인의 이치와 음양의 이치로 훈민정음 한글 초성·중성·종성으로 자음과 모음으로 종성으로 자음의 ㄷ자는 가장 맑고 깨끗하고 선명한 문자와 소리로 음양오행의 이치로 火가 발생하는 동시에 초성·중성·종성으로 자음과 모음의 음양오행의 이치로 '·갇' 자는 점(·)이 하나로 거성의 가장 높은 소리로 초성으로 자음의 음양오행으로 木의 ㄱ에 중성으로 모음의 음양오행으로 木의 ㅏ와 종성으로 자음의 음양오행으로 火의 ㄷ이 음양의 합으로 상합자의 이치로 만나 짝하여 완성된 문자와 소리가 자체적으로 보유한 음양오행의 생극제화 상생의 이치로 木生火의 이치가 발생하여 최종적으로 火가 강하게 발생하는 문자와 소리가 되고 또 '싇' 자는 초성으로 자음의 음양오행으로 金의 ㅅ에 중성으로 모음의 음양오행으로 음양오행이 정해지지 않은 ㅣ와 종성으로 자음의 음양오행으로 火의 ㄷ이 음양의 합으로 상합자의 이치로 만나 짝하여 완성된 문자와 소리가 자체적으로 보유한 음양오행의 생극제화 상극의 이치로 火尅金의 이치가 발생하여 최종적으로 火가 강하게 발생하는 문자와 소리가 된다는 뜻이다.

"ㄴ 여·신위구 ·반되위형(ㄴ 如·신爲屨 ·반되爲螢)"

"훈민정음 한글 종성으로 자음의 ㄴ을 응용하는 '·신' 자는 점(·)이 하나로 거성의 가장 높은 소리로 한자로 신 '구(屨)' 자와 똑같아 지금의 '신발'이 되고 '·반되' 자는 점(·)이 하나로 거성의 가장 높은 소리로 한자로 반디 '형(螢)' 자와 똑같아 지금의 '반딧불'이다."

위 내용은 대우주와 대자연에 존재하는 모든 만물과 사물의 천지인의 이치와 음양의 이치로 훈민정음 한글 초성·중성·종성으로 자음과 모음의 종성으로 자음의 ㄴ자는 가장 맑고 깨끗하고 선명한 문자와 소리로 음양오행의 이치로 火가 발생하는 동시에 초성·중성·종성으로 자음과 모음의 음양오행의 이치로 '·신' 자는 점(·)이 하나로 거성의 가장 높은 소리로 초성으로 자음의 음양오행으로 金의 ㅅ에 중성으로 모음의 음양오행으로 음양오행이 정해지지 않은 ㅣ와 종성으로 자음의 음양오행으로 火의 ㄴ이 음양의 합으로 상합자의 이치로 만나 짝하여 완성된 문자와 소리가 자체적으로 보유한 음양오행의 생극제화 상극의 이치로 火尅金의 이치가 발생하여 최종적으로 火가 강하게 발생하는 문자와 소리가 되고 또

'·반되'의 '·반' 자는 점(·)이 하나로 거성의 가장 높은 소리로 초성으로 자음의 음양오행으로 土의 ㅂ에 중성으로 모음의 음양오행으로 木의 ㅏ와 종성으로 자음의 음양오행으로 火의 ㄴ이 음양의 합으로 상합자의 이치로 만나 짝하여 완성된 문자와 소리가 자체적으로 보유한 음양오행의 생극제화 상생의 이치로 木生火 火生土의 이치가 발생하여 최종적으로 土가 강하게 발생하는 문자와 소리가 되고 '되' 자는 초성으로 자음의 음양오행으로 火의 ㄷ이 중성·종성으로 모음의 음양오행으로 水의 ㅚ가 음양의 합으로 상합자의 이치로 만나 짝하여 완성된 문자와 소리가 자체적으로 보유한 음양오행의 생극제화 상극의 이치로 水剋火의 이치가 발생하여 최종적으로 水가 강하게 발생하는 문자와 소리이나 종합적으로 생극제화의 이치가 水生木 木生火 火生土의 이치가 발생하여 최종적으로 土가 강하게 발생하는 문자와 소리가 된다는 뜻이다.

"ㅂ 여섭위신 ·굽위제(ㅂ 如섭爲薪 ·굽爲蹄)"

"훈민정음 한글 종성으로 자음의 ㅂ을 응용하는 '섭' 자는 한자로 섭나무 '신(薪)' 자와 똑같아 지금의 '땔감나무'가 되고 '·굽' 자는 점(·)이 하나로 거성의 가장 높은 소리로 한자로 굽 '제(蹄)' 자와 똑같아 지금의 '말발굽'이다."

위 내용은 대우주와 대자연에 존재하는 모든 만물과 사물의 천지인의 이치와 음양의 이치로 훈민정음 한글 초성·중성·종성으로 자음과 모음의 종성으로 자음의 ㅂ자는 가장 맑고 깨끗하고 선명한 문자와 소리는 음양오행의 이치로 土가 발생하는 동시에 초성·중성·종성으로 자음과 모음의 음양오행이 이치로 '섭' 자는 초성으로 자음의 음양오행으로 金의 ㅅ에 중성으로 모음의 음양오행으로 金의 ㅕ와 종성으로 자음의 음양오행으로 土의 ㅂ이 음양의 합으로 상합자의 이치로 만나 짝하여 완성된 문자와 소리가 자체적으로 보유한 음양오행의 생극제화 상생의 이치로 土生金의 이치가 발생하여 최종적으로 金이 강하게 발생하는 문자와 소리가 되고 또 '·굽' 자는 점(·)이 하나로 거성의 가장 높은 소리로 초성으로 자음의 음양오행으로 木의 ㄱ에 중성으로 모음의 음양오행으로 火의 ㅜ와 종성으로 자음의 음양오행으로 土의 ㅂ이 음양의 합으로 상합자의 이치로 만나 짝하여 완성된 문자와 소리가 자체적으로 보유한 음양오행의 생극제화 상생의 이치로 木生火 火生土의 이치가 발생하여 최종적으로 土가 강하게 발생하는 문자와 소리가 된다는 뜻이다.

"ㅁ 여:범위호 :쉼위천(ㅁ 如:범爲虎 :쉼爲泉)**"**

"훈민정음 한글 종성으로 자음의 ㅁ을 응용하는 ':범' 자는 점(·)이 2개로 상성의 시작은 낮으나 끝이 높은 소리로 한자로 범 '호(虎)' 자와 똑같아 지금의 '호랑이'가 되고 ':쉼' 자는 점(·)이 2개로 상성의 시작은 낮으나 끝이 높은 소리로 한자로 샘 '천(泉)' 자와 똑같아 지금의 '샘'이나 '땅에서 솟아나는 샘물'이다."

위 내용은 대우주와 대자연에 존재하는 모든 만물과 사물의 천

지인의 이치와 음양의 이치로 훈민정음 한글 초성·중성·종성으로 자음과 모음의 종성으로 자음의 ㅁ자는 가장 맑고 깨끗하고 선명한 문자와 소리는 음양오행의 이치로 土가 발생하는 동시에 초성·중성·종성으로 자음과 모음의 음양오행으로 ':범' 자는 점(·)이 2개로 상성의 시작은 낮으나 끝이 높은 소리로 초성으로 자음의 음양오행으로 土의 ㅂ에 중성으로 모음의 음양오행으로 金의 ㅓ와 종성으로 자음의 음양오행으로 土의 ㅁ이 음양의 합으로 상합자의 이치로 만나 짝하여 완성된 문자와 소리가 자체적으로 보유한 음양오행의 생극제화 상생의 이치로 土生金의 이치가 발생하여 최종적으로 金이 강하게 발생하는 문자와 소리가 되고 또 ':싐' 자는 점(·)이 2개로 상성의 시작은 낮으나 끝이 높은 소리로 초성으로 金의 ㅅ에 중성으로 모음의 음양오행으로 土의 ㅣ와 종성으로 자음의 음양오행으로 金의 ㅁ이 음양의 합으로 상합자의 이치로 만나 짝하여 완성된 문자와 소리가 자체적으로 보유한 음양오행의 생극제화 상생의 이치로 土生金의 이치가 발생하여 최종적으로 金이 강하게 발생하는 문자와 소리가 된다는 뜻이다.

"ㅅ 여:잣위해송 ·못위지(ㅅ 如:잣爲海松 ·못爲池)**"**

"훈민정음 한글 종성으로 자음의 ㅅ을 응용하는 ':잣' 자는 점(·)이 2개로 상성의 시작은 낮으나 끝이 높은 소리로 한자로 풍부한 '해(海)' 자와 소나무 '송(松)' 자와 똑같아 지금의 소나무에 피는 '곰솔'이나 '잣'이 되고 '·못' 자는 점(·)이 하나로 거성의 가장 높은 소리로 한자로 못 '지(池)' 자와 똑같아 지금의 '연못'이다."

위 내용은 대우주와 대자연에 존재하는 모든 만물과 사물의 천지인의 이치와 음양의 이치로 훈민정음 한글 초성·중성·종성으로 자음과 모음의 종성으로 자음의 ㅅ자는 가장 맑고 깨끗하고 선명한 문자와 소리는 음양오행의 이치로 金이 발생하는 동시에 초성·중성·종성으로 자음과 모음의 음양오행의 이치로 ':잣' 자는 점(·)이 2개로 상성의 시작은 낮으나 끝이 높은 소리로 초성으로 자음의 음양오행으로 金의 ㅈ에 중성으로 모음의 음양오행으로 木의 ㅏ와 종성으로 자음의 음양오행으로 金의 ㅅ이 음양의 합으로 상합자의 이치로 만나 짝하여 완성된 문자와 소리가 자체적으로 보유한 음양오행의 생극제화 상극의 이치로 金剋木의 이치가 발생하여 최종적으로 金이 강하게 발생하는 문자와 소리가 되고 또 '·못' 자는 점(·)이 하나로 거성의 가장 높은 소리로 초성으로 자음의 음양오행으로 土의 ㅁ에 중성으로 모음의 음양오행으로 水의 ㅗ와 종성으로 자음의 음양오행으로 金의 ㅅ이 음양의 합으로 상합자의 이치로 만나 짝하여 완성된 문자와 소리가 자체적으로 보유한 음양오행의 생극제화 상생의 이치로 土生金 金生水의 이치가 발생하여 최종적으로 水가 강하게 발생하는 문자와 소리가 된다는 뜻이다.

"ㄹ 여·돌위월 :별위성지류(ㄹ 如·돌爲月 :별爲星之類)"

"훈민정음 한글 종성으로 자음의 ㄹ을 응용하는 '·돌' 자는 점(·)이 하나로 거성의 가장 높은 소리로 한자로 달 '월(月)' 자와 똑같아 지금의 '1개월'이나 '한 달'이 되고 ':별' 자는 점(·)이 2개로 상성의 시작은 낮으나 끝이 높은 소리로 한자로 별 '성(星)' 자와 똑같이 비슷한 지금의 하늘에 반짝이는 수많은 '별'이다."

　위 내용은 대우주와 대자연에 존재하는 모든 만물과 사물의 천지인의 이치와 음양의 이치로 훈민정음 한글 초성·중성·종성으로 자음과 모음의 종성으로 자음의 ㄹ자는가장 맑고 깨끗하고 선명한 문자와 소리는 음양오행의 이치로 火가 발생하는 동시에 초성·중성·종성으로 자음과 모음의 음양오행의 이치로 '·들' 자는 점(·)이 하나로 거성의 가장 높은 소리로 초성으로 자음의 음양오행으로 火의 ㄷ에 중성으로 모음의 음양오행으로 土의 ·와 종성으로 자음의 음양오행으로 火의 ㄹ이 음양의 합으로 상합자의 이치로 만나 짝하여 완성된 문자와 소리가 자체적으로 보유한 음양오행의 생극제화 상생의 이치로 火生土의 이치가 발생하여 최종적으로 土가 강하게 발생하는 문자와 소리가 되고 또 ':별' 자는 점(·)이 2개로 상성의 시작은 낮으나 끝이 높은 소리로 초성으로 자음의 음양오행으로 土의 ㅂ에 중성으로 모음의 음양오행으로 木의 ㅕ와 종성으로 자음의 음양오행으로 火의 ㄹ이 음양의 합으로 만나 짝하여 완성된 문자와 소리가 자체적으로 보유한 음양오행의 생극제화 상생의 이치로 木生火 火生土의 이치가 발생하여 최종적으로 土가 강하게 발생하는 문자와 소리가 된다는 뜻이다.

제8편

『훈민정음 해례본』 정인지 서

有天地自然之聲 則必有天地自然之文 所以古人因聲制字 以通萬
物之情 以載三才之道 而後世不能易也 然四方風土區別 聲氣亦
隨而異焉 蓋外國之語 有其聲而無其字 假中國之字以通其用 是
猶枘鑿之鉏鋙也 豈能達而無礙乎 要皆各隨所處而安 不可强之使
同也 吾東方禮樂文章 侔擬華夏 但方言俚語 不與之同 學書者患
其旨趣之難曉 治獄者病其曲折之難通 昔新羅薛聰 始作吏讀 官府
民間 至今行之 然皆假字而用 或澁或窒 非但鄙陋無稽而已 至於
言語之間 則不能達其萬一焉 癸亥冬 我殿下創制正音二十八字 略
揭例義以示之 名曰訓民正音 象形而字倣古篆 因聲而音叶七調 三
極之義 二氣之妙 莫不該括 以二十八字而轉換無窮 簡而要 精而
通 故智者不終朝而會 愚者可浹旬而學 以是解書 可以知其 義 以
是聽訟 可以得其情 字韻則淸濁之能辨 樂歌則律呂之克諧 無所用
而不備 無所往而不達 雖風聲鶴唳 鷄鳴狗吠 皆可得而書矣 遂命
詳加解釋 以喻諸人 於是 臣與集賢殿應敎臣崔恒 副校理臣朴彭
年 臣申叔舟 修撰臣成三問 敦寧府注簿臣姜希顔 行集賢殿副修撰
臣李塏 臣李善老等 謹作諸解及例 以敍其梗槩 庶使觀者不師而自
悟 若其淵源精義之妙 則非臣等之所能發揮也 恭惟我殿下 天縱之
聖 制度施爲超越百王. 正音之作, 無所祖述, 而成於自然. 豈以其至
理之無所不在 而非人爲之私也 夫東方有國 不爲不久 而開物成務
之大智 蓋有待於今日也歟 正統十一年九月上澣 資憲大夫禮曹判
書集賢殿大 提學知春秋館事 世子右賓客臣鄭麟趾拜手稽首謹書

훈민정음 해례본의 정인지 서 해석

"유천지자연지성 칙필유천지자연지문 소이고인인성제자 이통만
물지정 이재삼재지도 이후세부능역야(有天地自然之聲 則必有天地自然

之文 所以古人因聲制字 以通萬物之情 以載三才之道 而後世不能易也)"

"우리가 살아가는 하늘과 땅에는 반드시 문자와 소리가 존재하는 것이 법칙으로 예로부터 사람이 말하는 소리의 원인을 이루는 근본을 찾아 문자를 만들어 모든 만물과 사물의 뜻이 두루두루 미치고 통하게 하는 뜻이 있어 사람이 뛰어난 도리와 재주와 재능과 근본을 모두 갖추고 이어가며 실어 나름으로써 새롭게 바뀌며 다가오는 다음 세대의 사람들은 능히 쉽게 바꾸지 못한다."

위 내용은 대우주와 대자연에 존재하는 모든 만물과 사물의 천지인의 이치와 음양의 이치로 우리가 살아가는 모든 생활환경에는 반드시 소리에 의해 문자가 존재하여 그 문자와 소리에 의해 모든 만물과 사물의 가장 대표적인 만물의 영장인 사람이나 동식물이나 각종 물류의 세계가 함께 아우러져 서로가 소통하며 살아가며 꿈과 소망을 이루는 것이 법칙으로 우리가 사용하는 훈민정음 한글을 비롯한 영어, 한자, 아랍어, 러시아어 등의 모든 외국어의 소리와 문자는 반드시 대우주와 대자연에 존재하는 만물과 사물의 이치에 따른 하나의 구성원이라는 뜻으로 사람이 말하는 소리의 원인과 뜻을 찾아 문자를 만들어 모든 것이 두루두루 통하게 하는 것이 법칙으로 우리의 후손들이 뛰어난 도리와 재능과 재주와 근본을 갖추고 살아가지만 쉽게 바꾸지 못하는 것이 문자와 소리라는 것이 법칙이라는 뜻으로 예로부터 사람들은 소리에 따라 문자를 만들어 일상생활에 필요한 모든 것을 해결하고 소통하는 동시에 꿈과 이상을 펼쳐 성공하게 된다는 뜻이다.

"연사방풍토구별 성기역수이이언 개외국지어 유기성이무기자 가 중국지자이통기용 시유예착지서어야 개능달이무애호 요개각수처이 안 불가강지사동야 오동방예낙문장 모의화하 단방언리어 부여지동 학서자환기지취지난효 치옥자병기곡절지난통(然四方風土區別 聲氣亦 隨而異焉 蓋外國之語 有其聲而無其字 假中國之字以通其用 是猶枘鑿之鉏鋙也 豈能達而無礙乎 要皆各隨所處而安 不可强之使同也 吾東方禮樂文章 侔擬華夏 但方言俚語 不與之同 學書者患其旨趣之難曉 治獄者病其曲折之難通)**"**

"그리하여 동서남북으로 기후와 지역에 따라 나누어지고 소리의 기운도 다르고 따르는 것도 다른데 대개 외국어의 소리는 있으나 글 자가 없어 임시로 중국의 글자를 빌려 사용하며 두루 미치고 소통하 며 살아가는데 이것이 마치 찧을 곡식자루를 호미로 뚫어 놓은 것과 같이 어긋나 맞지 않아 능히 통달해서 잘해도 어찌 꺼리고 막히는 것이 없지 않겠는가. 각자에게 바라는 것은 일정한 장소에서 편안하 게 따라가지만 강제로 똑같게 쫓아갈 수는 없다. 동방의 우리나라는 예절과 즐기는 풍류와 문장이 여름에 꽃이 가지런히 화려하게 피는 것과 같지만 무릇 말이 방언이나 저속한 말이 똑같지 않지만 사람들 이 중국 글자를 배우고 쓰는데 근심 걱정이 많아 그 뜻에 미치지 못 하여 깨닫는데 어려움이 많아 옥사를 다스리거나 질병이 있는 사람 의 복잡한 사정이나 까닭을 서로가 통하지 못하는 어려움이 있다."

위 내용은 대우주와 대자연에 존재하는 모든 만물과 사물의 천

지인의 이치와 음양의 이치로 우리나라도 동서남북으로 기후와 지역에 따라 소리의 기운이 달라 통일된 국어가 없어 임시로 중국의 글자를 사용하지만 배우는 것이 어려워 통일되지 못하여 백성들이 서로가 소통하며 소유한 꿈과 이상을 펼치지 못하고 살아가는 것이 안타까워 중국 글자를 배우고 익히는데 어려움이 많아 생활하는 데 불편하여 서로가 소통하지 못하는 어려움이 많다는 뜻으로 가장 뛰어나고 훌륭한 훈민정음 한글도 우리가 하나로 통일하지 못하고 사용하지 못하면 중국 글자처럼 방언이 되면 백성들이 소유한 꿈과 이상의 목표를 달성하는 데 어렵게 되어 실패로 돌아간다는 뜻이다. 기후와 풍토가 다른 사방팔방으로 각 지역에 실질적인 생활환경에 따라 사람이 살아가면서 말은 다르지만 사람이 하는 그 말소리에 따라 반응하여 행동이 발생한다는 뜻으로 우리나라는 임시로 오랜 기간 중국 글자를 사용하여 오면서 우리의 민족에게는 쉽고 원활하게 뜻이 통하지 못한다는 뜻으로 중국 글자를 사용함에 있어서 어려움이 많아 소통이 힘들다는 뜻으로 사람이 살아가는 '때와 장소'의 중요함을 강조하는 말이다.

"석신라설총 시작이독 관부민간지금행지 연개가자이용 혹삽혹질 비단비루무계이이 지어언어지간 칙불능달기만일언 계해동 아 전하 창제이십팔자 약게례의이시지 명왈훈민정음(昔新羅薛聰 始作吏讀 官府民間 至今行之 然皆假字而用 或澁或窒 非但鄙陋無稽而已 至於言語之間 則不能達其萬一焉 癸亥冬 我 殿下創制正音二十八字 略揭例義以示之 名曰訓民正音)"

옛날 신라시대부터 설총이라는 사람이 한문에 토를 달아(吏讀) 한문을 읽기 시작하여 지금까지 관청이나 백성들 사이에서 좋게 쓰여 임시적으로 글자를 빌려 두루 미치게 사용하였으나 말이 막히고 말하기를 꺼려 다만 견문이 좁아 어리석게 되어 머무르는 것이 없어 말로서 만 번에 한 번도 통하지 못하는 것이 법칙으로 계해년 겨울에 우리의 세종대왕은 올바른 소리 28글자를 처음으로 만들어 예를 들어 보이시며 이것을 소리로 백성을 인도한다는 뜻으로 '훈민정음'이라 이름을 지었다."

위 내용은 대우주와 대자연에 존재하는 모든 만물과 사물의 천지인의 이치와 음양의 이치로 예로부터 우리나라는 우리의 글자와 말이 없어 중국 글자를 임시로 빌려 사용하여 왔지만 그 글자와 말이 어렵고 헷갈려 백성들이 만 번에 한 번도 통하지 못하는 어려움이 있어 백성들이 서로가 소통하는 데 어려움이 많은 당시 계해년 겨울 세종대왕이 그의 충신 정인지 이외의 많은 집현전 위원들이 모여 세계에서 가장 우수하고 훌륭한 '훈민정음 한글'을 처음으로 만들었다고 발표한 날이라는 뜻이다. 새로운 우리의 '훈민정음 한글'은 가장 맑고 깨끗하고 선명한 문자와 소리에 의한 가장 맑고 깨끗하고 선명한 음양오행의 기운을 바탕으로 새로운 국가의 미래가 활짝 열리기 시작하였다는 뜻이다.

"상형이자방고전 인성이음협칠조 삼극지의 이기지묘 막불해괄 이이십팔자이전환무궁 간이요 정이통 고지자부종조이회 우자가협순

이학 이시해서 가이지기의 이시청송 가이득기정 자운칙청탁지능변 락가칙율려지극해 무소용 이불비 무소왕이불달 수풍성학려 계명 구폐 개가득이서의 수 명상가해석 이유제인(象形而字倣古篆 因聲而音 叶七調 三極之義 二氣之妙 莫不該括 以二十八字而轉換無窮 簡而要 精而通 故 智者不終朝而會 愚者可浹旬而學 以是解書 可以知其 義 以是聽訟 可以得其情 字韻則淸濁之能辨 樂歌則律呂之克諧 無所用 而不備 無所往而不達 雖風聲鶴 唳 鷄鳴狗吠 皆可得而書矣 遂 命詳加解釋 以喩諸人)"

"훈민정음 한글 문자는 옛 고대 한자 한 체의 모양을 본뜨고 모 방하였으며 소리의 원인을 이루는 근본을 7번을 고르고 조절하여 맞추어 올바른 천지인의 이치와 오묘한 음양의 이치가 갖추어진 모 든 것을 묶어 담지 않은 것이 없는 훈민정음 한글 28자는 바뀌고 변하는 것이 끝이 없어 대쪽에 원하는 것을 간편하고 세밀하고 아 름답게 통하게 하는 글로써 본래 슬기와 지혜가 좋은 사람은 아침 에 시작해서 끝마치고 끝나지 못하는 사람들을 모아서 열흘이나 열 번을 배우고 익혀 올바르게 글씨를 쓰고 해석하거나 뜻을 알고 깨닫게 하여 올바르게 관청에 하소연하여 그 뜻을 얻을 수가 있으 며 글자와 소리로 맑고 깨끗하고 탁하고 흐린 것을 능히 분별할 수 가 있으며 노랫가락의 음률도 잘 어울려 즐겁게 노래를 부를 수가 있어 사용하는 데 장소를 갖추지 않아도 되고 일정한 장소에 관계 없이 통달하지 못하는 것이 없어 글씨로써 올바르게 강아지가 짖 고 닭이 울고 학이 울고 바람이 부는 소리까지 모두 얻을 수가 있어 이르되 모든 사람들에게 더 자세하게 해석하여 깨우치도록 하라고 명령을 내리셨다."

위 내용은 대우주와 대자연에 존재하는 모든 만물과 사물의 천지인의 이치와 음양의 이치와 음양오행의 이치와 봄·여름·가을·겨울 사계절 24절기의 이치와 동서남북 방향의 이치와 1234567890 숫자의 이치와 만물과 사물의 가장 대표적인 초목이 사람을 만나 어우러져 함께 하나의 큰 공동체를 이루고 생명을 유지하고 존재하는 이치로 세계에서 가장 훌륭한 '훈민정음 한글'이 만들어졌다는 뜻으로 이 세상에 존재하는 어떠한 이치와 비교하여도 손색이 없는 문자와 소리로 훈민정음의 자음과 모음의 한글은 음양오행의 기운, 성품, 성질, 성향, 유형을 갖춘 문자와 소리로 이 세상에 존재하는 모든 것을 글로써 자유자재로 끝없이 수많은 것을 표현할 수가 있는 동시에 소통하여 모든 것을 얻을 수 있는 문자와 소리로 개인의 꿈과 소망의 목표를 이룰 수가 있어 훈민정음 한글이 세계에서 가장 우수하고 훌륭한 문자와 소리라는 뜻이다.

"어시 신여집현전응교신최항 부교리신박팽년 신신숙주 수찬신 성삼문 돈녕부주부신강희안 행집현전부수찬신이개 신이선노등 근 작제해급례 이서기경개 서사관자불사이자오 약기연원정의지 묘 칙비신등지소능발휘야(於是 臣與集賢殿應教臣崔恒 副校理臣朴彭年 臣申叔舟 修撰臣成三問 敦寧府注簿臣姜希顔 行集賢殿副修撰臣李塏 臣李善老 等 謹 作諸解及例 以敍其梗槩 庶使觀者不師而自悟 若其淵源精義之妙 則非臣

等之所能發揮也)"

"옳고 바르게 신을 돕고 따르는 집현전 위원인 당시의 응교(정4품) '최항' 신하, 부교리(정5품) '박팽년' 신하, 부교리(정5품) '신숙주' 신하, 수찬(정6품) '성삼문' 신하, 돈녕부 주부(정6품) '강희안' 신하, 집현전 부수찬(정6품) '이개' 신하, 부수찬(정6품) '이선노' 신하 이외에 많은 사람들이 도와주어 삼가 정중하게 순서와 차례를 정하여 대부분 보기를 들어 모든 것을 해석하여 만들어 스승 없이도 사람들이 자세하게 많이 보고 스스로 깨우치도록 하였다. 그러나 그 오묘한 만물과 사물의 근본이 끊어지지 않고 흐르는 자세한 이치와 뜻을 신들은 일정한 장소에서 그 능력을 발휘할 수가 없는 것이 법칙이다."

위 내용은 대우주와 대자연에 존재하는 모든 만물과 사물의 천지인의 이치와 음양의 이치로 훈민정음 한글은 지휘 고하를 막론하고 가장 쉽고 빠르게 깨우쳐 각자가 소유한 꿈과 이상의 목표를 성취할 수가 있지만 우리는 그 위대한 대우주와 대자연의 만물과 사물의 이치가 보유한 능력이나 재능을 사람은 펼치지 못하고 순응하며 생명을 유지하고 존재한다는 뜻으로 대우주와 대자연의 이치가 얼마나 소중하면서 엄청난 능력을 갖추고 있는가를 새삼 알게 하는 뜻으로 모든 만물과 사물의 가장 대표적인 사람이나 동식물은 대우주와 대자연의 이치의 가장 중요한 봄·여름·가을·겨울 사계절 24절기의 이치에 의해 발생하는 난서량한(暖暑凉寒)한 음양의 이

치에 순응하여 꼼짝 못하고 살아갈 수밖에 없다는 뜻으로 옛날에
는 대부분이 24절기에 의해 변화하는 기후가 모든 인간생활의 근
간이 되어 생명을 유지하며 살아갈 수밖에 없다는 뜻이다.

**"공유아 전하 천종지성 제도시위초월백왕 정음지작 무소조술 이
성어자연 개이기지리지무소불재 이비인위지사야 부동방유국 불위
불구 이개물성무지 대지 개유대어금일야여**(恭惟我 殿下 天縱之聖 制度
施爲超越百王 正音之作 無所祖述 而成於自然 豈以其至理之無所不在 而非人爲
之私也 夫東方有國 不爲不久 而開物成務之 大智 蓋有待於今日也歟)**"**

"나와 우리는 공손하게 생각하건데 세종대왕은 한계를 뛰어넘는
법도와 도리를 만들어 널리 전하는 군주로서 백에 하나에 해당하
는 임금으로 하늘에서 뛰어난 사람을 내려 보내 '훈민정음'의 올바
른 소리를 만드는데 선인의 설을 본받지 않고 우리가 살아가는 대
우주와 대자연에 존재하는 모든 이치로 이루어진 것으로 대개 그
도리와 이치가 존재하지 않는 곳이 없어 사람을 위해 만든 것이지
사사로운 개인의 욕망을 위해 만든 것이 아니다. 동방에 우리나라
가 존재한 것이 오래되었지만 끝없는 노력으로 만물이 열리고 통
하여 모든 것을 이루는 일들이 오늘에서야 넓고 큰 슬기와 지혜를
숭상하여 갖추어 감추고 기다리는 일이 있었다."

위 내용은 대우주와 대자연에 존재하는 모든 만물과 사물의 천
지인의 이치와 음양의 이치로 모든 면에서 뛰어난 '세종대왕'이 '훈
민정음 한글'을 만들었다는 것을 밝히는 내용으로 이 세상에 존재

하는 모든 문자와 소리 중에서 우리 '훈민정음 한글'이 가장 으뜸이 된다는 것을 인정하는 뜻으로 우리나라 동방예의지국에 개물성무(開物成務: 만물의 이치를 깨달아 모든 것을 이룬다는 뜻)하는 것을 감추고 있던 큰 지혜와 슬기가 온 누리에 펼쳐지기 시작하여 새롭게 발전하는 계기를 마련했다는 뜻이다.

"정통십일년구월상한 자헌대부 예조판서 집현전 대제학 지춘추관사 세자우빈객 신정인지 배수계수근서(正統十一年九月上澣 資憲大夫 禮曹判書 集賢殿 大提學 知春秋館事 世子右賓客 臣鄭麟趾 拜手稽首謹書)**"**

"정통 11년 9월 상한으로 1446년 9월 초하루부터 열흘 사이에 당시의 직책이 자헌대부(자헌대부: 정이품 문무관의 품계) 예조판서(예조판서: 예조의 정이품 벼슬) 집현전(집현전: 조선 초기 경적(經籍) 전고(典故) 진강(進講) 등을 맡아 업무를 보던 관아) 대제학(대제학: 홍문관,예문관의 정2품 벼슬) 지춘추관사(정2품 벼슬) 세자저하의 우빈객(우빈객: 왕의 자손인 세자를 교육시키는 직책) 충신 정인지는 삼가 손 모아 머리 숙여 절하는 심정으로 쓴다."

위 내용은 1446년 9월 초부터 열흘 사이에 훈민정음의 자음과 모음에 의한 '한글'이 탄생하여 가장 맑고 깨끗하고 선명한 문자와 소리가 대우주와 대자연에 모든 만물과 사물의 하늘과 땅과 사람이 존재하며 조화와 균형을 이루고 중화를 이루는 천지인의 이치와 하루의 밤낮이 발생하며 조화와 균형을 이루고 중화를 이루는 음양의 이치와 오행의 기와 질의 성품이 존재하며 조화와 균형을 이루고 중화를 이루는 음양오행의 이치와 '때와 장소'의 생활환경으로 포근하고 따뜻하고 무덥고 서늘하고 춥고, 밖이 추우면 안이 덥고 안이 더우면 밖이 추운 음양의 조화와 균형으로 중화를 이루고 존재하는 봄·여름·가을·겨울 사계절 24절기의 이치와 또 다른 기후와 풍토가 존재하며 조화와 균형을 이루고 중화를 이루는 동서남북 방향의 이치와 사람의 힘을 초월하여 발생하는 천운(天運)의 운수를 촘촘히 계산하고 헤아려 조화와 균형을 이루고 중화를 이루며 존재하는 1234567890 숫자의 이치와 만물과 사물의 가장 대표적인 초목이 가장 대표적이고 똑똑한 만물의 영장인 사람을 만나 함께 어우러져 하나의 큰 공동체를 이루고 공존공생하며 생명을 유지하고 존재하며 조화와 균형을 이루고 중화를 이루는 생왕묘의 이치의 모든 모양과 그림을 응용하여 세계에서 가장 훌륭한 '훈민정음 한글'을 만들어 한글을 읽고 말하는 소리의 이치와 쓰고 기록하는 숫자의 이치에 의해 가장 맑고 깨끗하고 선명한 음양오행의 기운이 발생하는 동시에 음양오행의 생극제화 상생상극의 이치에 의해 아주 강하고 영향력이 있는 가장 맑고 깨끗하고 선명하고 뛰어난 음양오행의 기운이 발생한다는 내용을 자세하게 기록하여 후손에게 물려주어 장차 『훈민정음 해례본』을 통하여 국가 미래의 국어로서 '훈민정음 한글'의 소중함을 통하여 세계 제일의 대한민국이 되기를 바라는 심정으로 충신들이 작성한 자랑스러운 '국보 제70호' 고서의 내용이다.

이와 같이 훈민정음 한글 초성·중성·종성으로 자음과 모음은 대우주와 대자연에 존재하는 모든 만물과 사물의 모든 이치를 그대로 응용하여 570년 전에 '훈민정음 한글'을 음양오행의 기운, 성품, 성질, 성향, 유형으로 제자(制字)하였다는 것을 작성한 국보 제70호의 문서에 의해 확실하게 그 근거를 제시하고 있어 '훈민정음 한글'이 우리 인간과 가장 밀접한 관계를 유지하고 있는 동시에 가장 맑고 깨끗하고 선명한 문자와 소리로서 세계적으로 가장 훌륭한 문자라는 것을 증명하고 있으며 또한 소리의 대표적인 '궁상각치우(宮商角徵羽)'와 손색이 없이 가장 맑고 깨끗하고 선명한 소리가 발생하는 이치를 확실하게 증거를 제시하고 있어 한글을 읽고 말하는 소리의 이치와 쓰고 기록하는 숫자의 이치에 의해 가장 맑고 깨끗하고 선명한 음양오행의 기운이 발생한다는 것을 우리는 항상 명심하여야 한다.

앞으로 『훈민정음 해례본』을 기본으로 삼아 새로운 국어 교육 시스템과 각종 세계적인 사업을 개발하고 추진하여 반드시 '세계의 국어'가 되도록 모두가 적극 노력하여 '훈민정음 한글'의 우수성을 세계만방에 알리는 것이 필요하다는 판단이며 저자는 국어 전문가가 아닌 명리학문의 대우주와 대자연의 이치를 응용하여 국가적으로 아주 중요한 국보 제70호 『훈민정음 해례본』의 중요한 내용을 음양오행이 발생하는 이치로 연구하여 책을 펴내는 것에 불과하지만 장차 '훈민정음 한글'로 인하여 새로운 국가 미래의 앞날이 세계 제일의 대한민국이 되도록 국운이 살아나기를 바라는 마음이다.

저자는 **국보 제70호 「훈민정음 해례본」**의 훈민정음 한글 초성·중성·종성으로 자음과 모음을 대우주와 대자연에 존재하는 모든 만물과 사물의 천지인의 이치와 음양오행의 이치로 분석하여 가장 맑고 깨끗하고 선명한 음양오행의 기운, 성품, 성질, 성향, 유형이 발생하는 문자와 소리라는 것을 명리학문의 대표적인 음양오행의 이치로 자세하게 분석하여 **'훈민정음 한글'**이 세계에서 가장 훌륭하고 중요한 문자이며 소리라는 것을 온누리에 알려 '한글'의 중요성을 세계만방에 전하여 우리의 '한글'이 **'세계의 국어'**가 되는 초석이 되는 기회가 되어 작게는 국민 개인의 운이나 가정의 가운이나 사회의 성운이 살아나고 크게는 우리나라 대한민국 국운이 살아나 세계 제일이 되기를 기원하는 마음으로 이 책을 펴낸다.